VOYAGE
AU
AU BENGALE;
SUIVI

~~De Notes~~ *critiques et politiques;*

~~D'Observations~~ *sur ce Voyage, par*
STAVORINUS (Chef d'escadre de la Rép. Batave);

D'une NOTICE *sur le* JAPON;

Et de la DESCRIPTION *de la* CULTURE
DU RIZ, *dans l'Asie,* etc., etc.

PAR L'AUTEUR ~~......~~e à Canton,
et de plusieurs ~~......~~ Ouvrages,

Le Cit. CHARPENTIER COSSIGNY.

TOME SECOND.

A PARIS,

Chez ÉMERY, Imprimeur, rue du Foin
Jacques, N.º 295.

A 7 DE LA RÉPUBLIQUE FRANÇOISE.

On souscrit, chez ÉMERY, Imprimeur, rue du Foin Jacques, N.º 295, au Journal intitulé, *le Nécessaire,* moyennant le prix de 13 *fr.* 50 *cent.* pour trois mois;

Et à *la Feuille des Rentiers,* moyennant celui de 7 *fr.* 50 *cent.* pareillement pour trois mois.

AVANT-PROPOS.

J'AI promis, dans l'Avertissement qui précède le *Voyage au Bengale*, de publier, dans le second volume, mes Observations sur *le Voyage par le Cap de Bonne-Espérance, à Batavia, à Bantam et au Bengale*, par J. S. STAVORINUS, traduit, en françois, par H. J. JANSEN.

AYANT été deux fois au Cap de Bonne-Espérance et à Batavia, et une fois dans le Bengale, j'ai cru remarquer quelques erreurs dans l'Ouvrage du citoyen Stavorinus; et il m'a semblé que certains détails qu'il donne sur les pays qu'il a parcourus, n'étoient pas exacts ou assez complets. Mes Observations sont donc, en même-tems, critiques et historiques : souvent elles ne sont qu'un commentaire du texte. Elles ne m'empéchent pas de rendre justice à la bonne-foi et aux talens de ce Voyageur. J'attribue ses erreurs, en partie, à ses préjugés, dont il ne paroît pas avoir secoué le joug; en partie, à des informations erronnées, mais sur-tout au peu de tems qu'il a séjourné dans ces pays loin-tains. Comme son ouvrage est estimé, à juste titre, j'ai pensé que cette considération devoit engager un ami de la vérité à faire connoître ses méprises. Un autre motif m'a encore déterminé à entreprendre ce travail. Le *Voyage au Bengale* de feu mon ami, qui fait partie du premier volume, est traité sous un point de vue historique et moral. Les notions qu'il donne des mœurs et des usages des Bengalis, du commerce et des productions de leur pays, en me fournissant des observations du même genre, ajoutent un complément nécessaire au premier.

C'est une chose digne de remarque, qu'un chef d'escadre de l'Etat ait sollicité, et qu'il ait obtenu le commandement d'un vaisseau de la Compagnie des Indes, destiné uniquement au commerce, et qu'il ait consenti à être subordonné à des capitaines de vais-

seaux marchands, plus anciens que lui au
service de la Compagnie! La curiosité, le
désir de s'instruire, celui d'être en activité,
et celui plus louable de s'exercer dans son
métier, qui demande une grande pratique,
l'auront, sans doute, engagé à sacrifier, à
son instruction, les sentimens de la vanité.
Cet exemple mérite d'avoir des imitateurs.
Les voyages des Indes-Orientales sont les plus
propres à former des marins, dans la science
et dans la pratique de la navigation, non-
seulement parce qu'ils sont les plus longs,
mais encore, parce qu'ils présentent fréquemment des mers, des saisons, des côtes nouvelles, souvent des détroits, et quelquefois
des événemens qui exercent l'habileté des Navigateurs. Feu Praslin, lorsqu'il étoit Ministre
de la marine, avoit exigé de la Compagnie
des Indes, qu'elle donneroit place, sur chacun
de ses vaisseaux, à un Enseigne et à un Garde-
marine de l'Etat. C'est à cette école que s'est
formé le Vice-Amiral Morard-de-Galle, qui a
donné souvent des preuves de son habileté

dans l'art de la manœuvre, et de son expérience consommée. Il commandoit, en 1781,
le vaisseau de guerre, l'*Annibal*, dans le
combat de St.-Yague, où il montra la plus
grande intrépidité. Ce vaisseau, ayant perdu
tous ses mats, fut couduit, à la remorque,
par le *Héros* que montoit le brave Suffren,
de cette île, jusqu'au Cap de Bonne-Espérance.
Cette manœuvre, inouie jusqu'alors, et vrai-
ment étonnante, dans un trajet aussi long,
a été admirée, même par nos ennemis : tant
il est vrai que le courage et l'habileté acquise
par l'expérience, suggèrent aux hommes de
génie, dans les circonstances difficiles, des
ressources nouvelles et des manœuvres inu-
sitées, dont on ne soupçonne pas la possibi-
lité de l'exécution.

Il est fâcheux que l'usage adopté par le
ministre Praslin, pour former les jeunes
marins de l'Etat, ait cessé après sa retraite.

J'AI suivi *Stavorinus* dans les relâches qu'il
a faites au Cap de Bonne-Espérance, à Batavia
et à Bantam, présumant que ces pays si

éloignés de nous, et si différens du nôtre, ne pourroient qu'intéresser les Lecteurs curieux de s'instruire.

Il décrit sommairement les factoreries des Européens établis sur les bords du Gange. Il parle de leur commerce, et s'étend davantage sur Chinsurah que sur les autres. Il donne même des détails sur l'organisation vicieuse de l'Administration de ce comptoir Batave. Il n'a pas oublié de faire remarquer la puissance des Anglois dans ce pays riche, fertile, populeux, industrieux. Elle s'est considérablement accrue, depuis le voyage de *Stavorinus*, et sur-tout depuis les événemens de la guerre actuelle, et prendra, par la suite, de nouvelles forces et plus d'extension, si nous n'opposons pas une digue à leur ambition. L'indifférence de l'Europe, sur leurs succès dans les Indes Orientales, n'est point d'accord avec ce système d'équilibre tant prôné, et si souvent oublié.

Mon objet principal, étant de faire connoître plus particulièrement le Bengale, c'est la partie sur laquelle je me suis le plus étendu, dans le cours de mes observations. Ceux qui ont lu l'Ouvrage de Stavorinus (*a*), auront un grand avantage, en parcourant celui-ci, sur les personnes qui ne connoissent pas le premier. Cependant, pour mettre le Lecteur à portée de juger du mérite de mes critiques et de mes additions, j'ai été exact à rapporter le texte qui y donnoit lieu, et à mentionner la page de l'ouvrage sur laquelle elles portent. J'aurois pu facilement les multiplier et les étendre ; mais j'ai cru devoir supprimer tout ce qui ne présentoit aucun intérêt, ou de commerce, ou de politique, ou de morale, et je n'ai pas voulu m'appesantir sur des détails minutieux. Cependant, j'ai passé quelquefois les bornes du sujet que je traitois ; mais je ne me suis permis cette excursion, que dans les cas où elle m'a paru avoir quelque genre d'utilité pour la République ou pour l'humanité.

_____

(*a*) Il se débite, à Paris, *in*-8.º, chez H. J. Jansen, Imprimeur-Libraire, rue des *SS. PP.*, Nº. 1195, *F. G.*

J'ai hasardé quelques conseils aux Hollandois, pour la prospérité de leur commerce dans les Indes Orientales. Je leur ai proposé quelques idées d'amélioration, relativement à leurs Colonies, parce que j'ai pensé que, dans la situation actuelle des choses, c'étoit un devoir, pour tout François, de contribuer, autant qu'il le peut, à la propérité d'une République devenue notre alliée.

J'ai inséré, de tems-en-temps, quelques anecdotes, pour tempérer l'aridité du sujèt; mais seulement dans les cas où elles m'ont paru avoir quelque rapport avec lui.

On trouvera, dans ces Observations, plusieurs traits qui confirment tout ce qui est rapporté dans le premier volume, sur la manière hautaine et révoltante, avec laquelle la Nation françoise est traitée, dans le Bengale, par ses ennemis les plus acharnés. Si le Gouvernement Britannique ne change pas de système, il n'y a point de paix à espérer avec lui, et nous devrons le regarder comme le fléau de l'humanité. Le Peuple Anglois est éclairé; il aime, sans doute, la gloire. Nous croyons qu'il a, dans le cœur, des principes de justice, de bonne-foi, et même de générosité. S'il ne s'oppose pas aux vues ambitieuses et désastreuses de son Gouvernement, il en deviendra lui-même la victime. Puisse-t-il voir enfin, l'abyme que l'on creuse sous ses pas, qui est caché sous le leurre trompeur de la gloire, et sous celui séduisant des richesses, et dans lequel il sera, tôt ou tard, précipité, si les vues de ceux qui le gouvernent, et qui veulent l'enchaîner, sont suivies du succès !

OBSERVATIONS

OBSERVATIONS

SUR

LE VOYAGE,

PAR LE CAP DE BONNE-ESPÉRANCE,

A Batavia, à Bantam et au Bengale,

EN 1768, 1769, 1770 ET 1771,

PAR J. S. STAVORINUS,

TRADUIT PAR H. J. JANSEN.

PREMIÈRE OBSERVATION.

Pages 17 et 18. LA dorade est, en effet, comme le dit l'auteur, un des meilleurs poissons, que l'on pêche en mer, si ce n'est le germon, qui est beaucoup plus gros, et qui ressemble au ton; mais il est assez rare d'en rencontrer. Dans tous mes voyages, je n'en ai vus qu'une seule fois. C'étoit un banc de cette espèce de poissons, qui suivit le vaisseau pendant plus de quinze jours,

Tome II.   A

et dont on prenoit tous les jours une très-grande quantité, au point d'en nourrir tout l'équipage. Ils pesoient chacun quatre-vingt à cent vingt livres : ce ne doit pas être celui que l'auteur nomme *albicore*, et que je ne connois pas. Il soupçonne que la bonite est l'albicore, lorsqu'elle est âgée. La bonite a la chair grise, et le germon a la chair blanche ; la première est très-sèche, et le second est moins sec que la dorade, et plus gras. « Nous prîmes, dit l'auteur, des albicores « qui pesoient au-delà de soixante et même « de soixante-dix livres ». Le germon est beaucoup plus gros.

J'ai vu les matelots françois manger du requin. Les Chinois font cas des ailerons de ce poisson ; ils prétendent que ce mets est aphrodisiaque.

J'ai toujours été étonné qu'il y eût des poissons en pleine mer, dans des parages où l'on ne trouve pas de fond. Je laisse aux naturalistes le soin d'expliquer ce fait.

II.ᵉ Obs.

P. 23. « La variation de l'aiguille aiman- « tée, est le moyen le plus facile, et en quel- « que sorte le plus sûr, que les navigateurs « hollandois emploient pour reconnoître le

« Cap de Bonne-Espérance, et pour y dé-
« terminer, ou dans les environs, les degrés
« de longitude…. En supposant l'exactitude
« de l'instrument (la boussole), et la jus-
« tesse des observations, on peut compter,
« avec certitude, sur la variation de l'ai-
« guille ». Ce moyen n'est qu'un indice, et
ne donne la longitude que par approxima-
tion. Les observations astronomiques, quand
on a pu les faire avec facilité, sont certaines. Un Anglois a imaginé un fauteuil qui
se prête aux mouvemens du vaisseau, de
manière que l'observateur puisse être toujours
dans la même position. Les montres mari-
nes sont ce qu'on a imaginé de plus simple
et de plus sûr, pour avoir la longitude en
mer. J'ai vu, dans les mémoires des savans
étrangers, de l'académie des sciences de
Paris, un mémoire, imprimé en 1751 ou 1752,
qui donnoit la description d'un sablier de
trente heures, ingénieusement imaginé, et
construit de manière qu'il ne devoit éprouver aucune secousse des mouvemens du vaisseau, ni recevoir aucune influence de l'humidité, ni du degré de la température de
l'air. Il seroit peut-être possible d'en perfectionner la construction. J'invite les artistes
et les savans à s'en occuper. Les montres

marînes coûtent trop cher, pour les arma-
teurs ; un sablier seroit un instrument peu
dispendieux, quelque perfectionné qu'il pût
être. Quand même il ne donneroit pas les
longitudes avec la plus grande précision,
il pourroit être extrêmement utile à la
navigation.

I I I.° O B s.

P. 25. « Depuis notre départ de Vlissin-
« gen, nous avions perdu trente hommes,
« et le nombre de nos malades alloit alors
« à cinquante-huit qui, presque tous, se trou-
« voient attaqués du scorbut ». Depuis le
24 juin, au 27 novembre, il y a cinq mois
trois jours. Il est difficile de concevoir comment un vaisseau a pu mettre tant de tems
à se rendre de Hollande, au Cap de Bonne-
Espérance, d'autant plus que l'auteur ne se
plaint pas d'avoir éprouvé de longs calmes.
Nous savons qu'en général, les vaisseaux
Hollandois ne font pas de courtes traversées.
Leurs vaisseaux sont lourds et plats, afin
que leur port soit plus considérable, et leurs
marins ne font pas assez de voiles. Nous
croyons que les principes d'économie et de
prudence, qui leur ont fait adopter un genre
de construction vicieux, et une manière peu
hardie de naviguer, sont faux, contraires au

but qu'ils se proposent, et funestes à l'humanité. Que de voyages ont été manqués,
parce que les vaisseaux sont arrivés trop
tard à leur première destination ! Que d'avaries ils ont éprouvées pour avoir tenu la mer
trop long-tems ! Que d'hommes ils ont perdu
par le scorbut, ou par d'autres maladies,
dans des voyages trop longs ! Je présente ces
réflexions à la méditation du gouvernement
batave.

I V.° O B S.

P. 29 et 30. Le voyageur rend compte des
difficultés qu'il a éprouvées, pour monter
sur Table-Baie, au Cap de Bonne-Espérance.
Il a pris sans doute une mauvaise route,
quoiqu'il eût un guide. J'y ai monté,
sans guide, et je n'ai pas rencontré les mêmes
obstacles que lui, et n'ai pas couru les mêmes
dangers.

P. 33. Je n'ai point vu d'étang, sur le
sommet de la montagne, ni *rien qui pût
servir à en indiquer l'existence* ancienne.
Je suis d'accord avec l'auteur, sur ce point ;
mais je n'ai pas trouvé, sur la cîme de la
montagne, cette eau, *d'une teinte jaune,
qu'y laissent les nuages.* Peu avant d'arriver
au sommet, une source très-claire et très-

fraîche sortoit des rochers, et servit à me
désaltérer. Peut-être cette source étoit-elle
tarie, lorsque le chef d'escadre fit ce voyage.
Peut-être les nuages avoient-ils déposé de
l'eau, dans quelque réservoir naturel, où
elle avoit pris une teinte jaune, en dissolvant
quelques terres ochreuses : car les nuages
ne fournissent qu'une eau claire.

"Quant au spectacle, le *plus beau qu'il soit
possible d'imaginer*, je n'en ai pas été frappé,
ni mes compagnons de voyage La montagne
de la Table a cinq cents soixante-quatorze
toises d'élévation, au-dessus du niveau de la
mer. On a peine, de si haut, comme le dit
l'auteur, à distinguer les objets ; dès-lors,
ils ne peuvent pas faire une grande impression.

V.ᵉ Oʙs.

P. 3ᵹ. Les Isles de Saint-Paul et d'Amsterdam ne sont pas, comme dit l'auteur, *les
seules connues, dans cette immense mer du
Sud*, en deçà du *tropique du Capricorne*.
Les îles *Dina* et *Marseven*, par les 41 degrés
environ, les îles *Marion* et les îles *Arides*,
par les 47 degrés, enfin les îles Kerguelen,
par les 5o degrés, se trouvent dans cette
immense mer du Sud.

VI.º O b s.

P. 45. » Il auroit été impossible de nous « imaginer que les courans eussent pu nous « entraîner si loin à l'Ouest : ce que nous « trouvâmes être de trente mille au moins, « depuis cinq jours «. Il y a des courans beaucoup plus rapides, qui font faire vingt-quatre à trente mille à un vaisseau, dans vingt-quatre heures.

VII.º O b s.

P. 56 et 57. Le détail, que donne l'auteur, du château de Bantam, prouve qu'il ne seroit d'aucune défense, contre une attaque dirigée par des forces européennes, malgré ses soixante-six pièces de canon de bronze, qui sont vraisemblablement mal montées, et qui seroient mal servies. Le château, tel qu'il est, en impose aux Indigènes, qui n'ont aucune connoissance de l'art militaire, et qui font le peuple le plus doux et le plus docile qu'il y ait peut-être sur la surface du globe ; d'autant plus que les autres princes de l'île n'ont aucune place fortifiée dans le genre de celle du château de Bantam, et qu'ils ne connoissent ni les canons, ni l'usage de la poudre.

Le séjour de Bantam est encore plus malsain que celui de Batavia. Les Hollandois n'y entretiennent qu'une très foible garnison, qui suffit pour tenir le roi de ce pays dans leur dépendance.

Il est Arabe d'origine. On prétend que, dès le neuvième siècle, les Arabes, sortis de la mer-rouge, vinrent s'établir à Malac, à Sumatra et à Java. Par-tout ils furent regardés par les peuples agrestes, qui habitoient ces contrées, comme des hommes d'une nature supérieure, et les Indigènes se soumirent plutôt par le sentiment d'admiration et de respect, qu'ils conçurent pour des hommes beaucoup plus instruits, et qui leur apportoient des arts nouveaux, que par la force. La même chose a eu lieu, à la côte Orientale d'Afrique et à Madagascar. Voilà pourquoi on trouve dans tous ces pays, des notions qui subsistent encore aujourd'hui du mahométisme, mais altérées et corrompues.

VIII.ᵉ Obs.

P. 59. Le *crik* est une espèce de poignard fort en usage dans toute l'Asie, que l'on porte à la ceinture. La lame est le plus souvent empoisonnée. J'ignore quel est le végétal employé à cet usage ; je sais seulement que, par le moyen du feu, on vient à bout de détruire leurs vertus mortifères. J'avois des flèches du pays, que l'on disoit aussi empoisonnées, mais la crainte des accidens, m'a déterminé à leur faire subir l'action du feu.

I X.ᵉ O B s.

P. 60. « C'est la religion mahométane qui « domine dans le royaume de Bantam, ainsi « que dans toute l'Isle de Java ». Je crois l'auteur mal instruit. Le roi de Bantam et plusieurs autres dans l'intérieur de l'ile, sont Arabes, et par conséquent Mahométans ; mais la plupart des Javans ont une autre religion, fort ancienne. Bantam étoit autrefois plus considérable qu'il ne l'est aujourd'hui. C'est-là où les Portugais avoient formé leur établissement de l'Isle de Java. Les Hollandois qui l'ont conquis, ont transféré le siège de leur établissement principal à Batavia.

X.ᵉ O B s.

P. 62. « Bantam fournit encore deux autres « postes de deux hommes chacun, dans le « royaume de ce nom ; savoir, l'un à Anjer, « ou Aniar, et l'autre à Jeritte. Ces postes « servent principalement à surveiller les

« navires qui y arrivent, dont ils font pas-
« ser, sur-le-champ, les noms, et ceux des
« endroits dont ils viennent, au comman-
« dant de Bantam, qui en donne connois-
« sance au gouverneur-général de Batavia.
« Cela s'observe pour les vaisseaux des na-
« tions étrangères, comme pour ceux des
« Hollandois mêmes ».

Les François nomment ces deux postes,
Anières et Sérigny. Ce sont deux villages
habités par des Javans, qui portent toujours
aux vaisseaux qui y mouillent, en allant à
la Chine ou à Batavia, quelques rafraîchissemens dans leurs praux, tels que des volailles,
des tortues, du poisson, des œufs, des ananas, des bananes et des cocos. A peine est-
on mouillé dans ces deux postes, qu'un ser-
gent de la compagnie hollandoise se rend à
bord, et présente un papier, sur lequel on
écrit ordinairement le nom du vaisseau, celui
du capitaine et le lieu de sa destination. Les
Européens sont bien éloignés de regarder
cette visite comme une *surveillance* de la
part des Hollandois, auxquels ils en refu-
seroient le droit. Ils se prêtent à inscrire leurs
noms sur la liste qui leur est présentée, afin
d'apprendre quels sont les vaisseaux qui ont
passé avant eux dans les détroits, et pour

que ceux qui viendront après eux , sachent
qu'ils y ont passé. Il y a des capitaines qui
ont refusé de s'inscrire ; mais les sergens
placés dans ces postes , sont des hommes
intelligens qui prennent le nom du vaisseau
à la poupe, et qui reconnoissent aisément
à quelle nation il appartient.

X I.ᵉ O b s.

P. 65. « Près de ce tombeau est un bel
« arbre bien touffu , autour duquel monte
« du cubèbe ». Le cubèbe est une plante
sarmenteuse qui s'accroche aux arbres sur
lesquels elle monte , et qui parvient à en-
velopper entièrement la tige des plus gros
arbres. Elle est du même genre que le poivrier. Les grains sont un peu plus petits ,
ont un pédicule , sont plus aromatiques et
moins piquans. Il y en a une grande quantité dans les bois de l'Isle-de-France. On n'en
tire aucun parti. Cette épicerie n'est cependant pas sans mérite ; elle a même des propriétés médicinales ; mais tel est l'empire
de la mode.

X I I.ᵉ O b s.

P. 69. « Leurs cheveux, d'un noir d'ébène,
étoient relevés, parfaitement lisses, le long de
la tête, et rassemblés, par derrière, en forme

« de bourrelets, qu'on appelle ici *Condés* ».
Cette coëffure est celle des Indiennes, des
Bengalies et des Chinoises, et se nomme
Condé par les Européens.

XIII.ᵉ O b s.

P. 72. L'auteur raconte les détails d'un
repas, auquel il a assisté chez le roi de
Bantam, et qui fut servi à la manière des
Javans. Il ajoute : « Heureusement que le
» commandant (hollandois) s'étoit muni de
» quelques bouteilles de vin et de bierre,
» que nous aurions attendues inutilement de
» la part du roi, et qui servirent à nous dé-
» saltérer, pendant ce bisarre repas. » Il
eût été très-facile à sa Majesté Javanne de
donner, à ses hôtes, du vin, de la bierre et
même des liqueurs européennes. Il en auroit
trouvé, très-facilement, à Batavia; on y com-
pose même une eau d'anis très-forte, mais
assez agréable, avec la meilleure araque du
pays, et la badiane de la Chine : on pourroit
aussi y préparer beaucoup d'autres liqueurs;
mais un roi mahométan, qui est en même
tems pontife, ne peut pas donner, à ses hôtes,
des liqueurs fortes, dans un repas public.

J'admire l'adresse de ces Arabes, qui ont
réuni le sacerdoce au trône. Par ce moyen,

ils ont augmenté leurs pouvoirs, sans partage et sans opposition.

XIV.° Obs.

P. 76. Suivant ce qu'a dit l'auteur, le poivre et le coton paroissent être les seules productions du royaume de Bantam, propres à l'exportation. Rien ne seroit plus facile que d'y introduire d'autres cultures. Je m'étonne que les Hollandois, qui passent pour être industrieux, ne se soient pas occupés de ce soin. Les environs de Batavia fournissent du sucre, de l'indigo, du café, et pourroient donner beaucoup d'autres productions.

XV.° Obs.

P. 76 et 77. Voilà quatre vaisseaux de la compagnie hollandoise, partis d'Europe, le 2 octobre, qui arrivent à Batavia au commencement de juin ; ce qui fait huit mois de traversée. Je conjecture qu'ils avoient fait route ensemble. Dans ce cas, les traversées sont toujours plus longues ; mais aussi les vaisseaux hollandois, en général, sont lourds, ne forcent pas de voiles, et sont assujétis, dans leurs routes, aux instructions de la compagnie.

XVI.° Obs.

P. 77. Voilà encore quatre vaisseaux de la

compagnie des Indes partis d'Europe, le 10 vendémiaire, qui arrivent à Batavia, le 16 prairial ; ce qui fait plus de huit mois de traversée. Cette observation confirme celle que j'ai faite plus haut, de la longueur des voyages des vaisseaux hollandois. Je ne crois pas qu'aucun françois ait mis plus de six mois pour se rendre de France à la Chine, qui est beaucoup plus éloignée, lorsqu'il n'a pas relâché à l'Isle-de-France ou ailleurs.

XVII.ᵉ OBS.

P. 85. La pagode de Jagernate, ou de Jaguernat, l'un des monumens les plus anciens et les plus extraordinaires du globe, ne peut pas avoir été bâtie par un *corsaire qui avoit amassé des richesses immenses.* Ce temple est construit dans une montagne de roc vif. C'est une ville taillée dans la pierre. Certes, il a fallu bien des siècles, et un peuple nombreux employé à sa construction, pour conduire ces immenses travaux à leur fin. Cette réflexion, applicable à toutes les pagodes fameuses de la côte de Coromandel, tels que Chalambron, le grand et le petit Canjivaron, qui ne sont qu'à une cosse (*a*) de distance l'un de l'autre, Chéringam-

_____

(*a*) Trois quarts de lieues environ.

patnam et autres , m'a fait conjecturer que, dans les tems de la construction de ces édifices , monumens de constance , de travail et de superstition , le gouvernement de ces pays étoit théocratique. On croit que la pagode de Jaguernat a une suprématie sur celles de la côte de Coromandel.

On y voit arriver , tous les ans , une quantité considérable d'Indiens , hommes et femmes , en pélérinage ; les uns , de l'intérieur des terres ; les autres , de la côte de Coromandel ; d'autres , du Bengale , qui croient faire un acte très-méritoire , en portant des présens à la pagode. Le citoyen Montigny y a passé , en allant prendre le commandement de Chandernagor ; l'entrée du temple lui fut interdite. Il régnoit alors une famine horrible dans le pays. Les pélerins , ni les Brames ne l'avoient prévue ; les routes étoient jonchées de cadavres. Notre brave compatriote sauva la vie à une femme, qui allaitoit son enfant , et qui étoit sur le point de périr en lui donnant une partie de sa provision de riz.

XVIII.ᵉ Obs.

P. 87. *Punto-dos-Palmeros*, en portugais ; c'est la pointe des Palmiers.

« Dans l'après-midi , nous apperçûmes les montagnes de Bellezoor. » Nous écrivons et nous prononçons Balassor. Presque tous les noms-propres sont changés , au point qu'ils sont méconnoissables pour la plupart.

Nous disons Ingely, et non pas *Insely*. Au surplus, les *bancs* dont il est ici question , et qui forment ce qu'on appelle les brasses, à l'embouchure du Gange , ne sont nullement dangereux. Il n'y a que ceux au-dessus d'Ingely , en remontant le fleuve , dont on peut dire : que *si , par malheur , le vaisseau s'ensable , en passant par-dessus ces bancs , on court le danger d'y périr.*

XIX.ᵉ O B s.

P. 88. J'ai vu échouer un vaisseau hollandois , dans le Gange , sur le même banc que celui où a péri la *Dame Pétronelle.* J'étois sur un vaisseau de la compagnie des Indes , qui venoit de passer le danger sur lequel cet hollandois échoua. Le vaisseau toucha le fond , et pencha du côté de stribord. Il s'inclina peu à peu, jusqu'à ce que le plat bord fût dans l'eau. Le pilote français qui nous conduisoit , se transporta , dès qu'il eut mouillé notre vaisseau, à bord de l'Hollandois. Il trouva le capitaine et quelques officiers ;

officiers, sur le both de leur pilote, qui étoient à table, occupés à fumer et à boire de la bierre. Le capitaine lui dit, que du moment que le vaisseau avoit touché, il n'avoit plus été le maître de son équipage. Comme, dans cette saison, les eaux n'étoient pas vives, et que le vent étoit foible, on put sauver une partie de la cargaison, en faisant une ouverture au côté du vaisseau ; mais, dans une autre saison, il eût été impossible d'en rien tirer, parce qu'il eût été emporté et englouti dans les sables qui sont mouvans. Un vaisseau de la compagnie s'étoit perdu, trente ans auparavant, sur le même banc, et il étoit défendu aux vaisseaux de le passer ; ils se tenoient donc plus bas, et ils y faisoient leurs chargemens. Cette défense venoit d'être levée : le premier qui en profita, fut celui qui périt.

X X.ᵉ Oʙs.

P. 92. La navigation du Gange, dans la saison des eaux vives, est très-savante. C'est là où brille l'art de la manœuvre des bons pilotes. L'auteur raconte que le vaisseau faisoit route, l'arrière en avant, en traînant son ancre, emporté par la force du courant. D'autres fois, on présente les voiles au vent, pour faire effort contre le courant,

afin que la marche du vaisseau ne soit pas
trop rapide. D'autres fois on court vent dessus, vent dedans. etc. Les marins qui dési-
reroient apprendre l'art de la manœuvre,
pourroient aller à l'école dans le Gange ;
Ils y verroient pratiquer des manœuvres savantes, qu'on n'a pas occasion de voir en
pleine mer.

X X I.° O b s.

P. 92. « On n'a pas encore remonté jus-
« qu'à la source de cette rivière (le Gange)
« dont on ignore par conséquent l'origine,
« ainsi que nous l'apprirent les pilotes et
« d'autres personnes instruites ». Le Gange
prend sa source dans les montagnes du Tibet.
*Il reçoit dans son cours onze rivières, dont
les unes sont aussi grandes que le Rhin,
et pas une moindre que la Tamise, sans
compter celles qui sont moins remarquables et dont le nombre est égal.* (Mémoire
du major Rennell, page 257).

X X I I.° O b s.

P. 98 et suivantes. Il y auroit plusieurs
observations à faire sur l'anecdote intéressante racontée par Stavorinus, qui ne s'est
permis aucune réflexion. Le directeur de

Chinsurah, non-seulement refuse de payer
au Nabab de Cassimbazar les droits accou-
tumés, et qui lui sont dûs, mais encore
ordonne qu'on mette son envoyé au pilori,
et qu'on le fouette rudement. Alors toutes
les marchandises des Hollandois sont arrê-
tées, et Bernagor et Chinsurah sont cernés
par des troupes. L'affaire fut cependant ac-
commodée par l'intervention des Anglois.
Elle coûta la vie à beaucoup d'Indiens, qui
périrent faute de vivres, et causa la perte
de deux vaisseaux de la compagnie, *avec
tout leur équipage*, parce que leur départ
ayant été différé, par le retard que cet évè-
nement causa dans leur chargement, ils furent assaillis des tempêtes, qu'ils auroient
évitées, s'ils étoient partis plutôt. Un troisième vaisseau n'échappa qu'avec grande
peine, à la même destinée. Voilà comme l'ex-
travagance et l'entêtement d'un seul homme
qui commande, compromet les affaires les
plus importantes, l'honneur de sa nation, la
vie de ceux qui lui sont subordonnés, et
quelquefois le salut de l'état. Comment ce
directeur n'a-t-il pas été puni? Ne devoit-on
pas en faire un exemple, qui pût, en pareil
cas, en imposer à ceux qui seroient ten-
tés d'avoir la même conduite? Dans ce tems,

chez les Hollandois, l'argent absolvoit les fautes les plus graves.

Certes, la conduite des Anglois, dans cette occasion, mérite les plus grands éloges. Rendons justice à nos ennemis. La philosophie, qui n'est que la raison perfectionnée, veut que nous adoptions cette maxime, sans exception, sans restriction. S'ils n'avoient écouté que cette basse jalousie, qui porte, en général, les peuples commerçans, à profiter des malheurs de leurs voisins, ils auroient laissé les Hollandois exposés au ressentiment du Nabab. Chinsurah auroit vraisemblablement été obligé de se rendre à discrétion, et il eût été pillé et peut-être détruit.

XXIII°. OBS.

P. 104. « On voit à Calcutta, comme à « Chandernagor, un grand nombre de vais- « seaux qui mouillent devant les maisons ». La proportion n'est pas d'un à vingt. Lorsque j'étois dans le Bengale, en 1767, on comptoit qu'il entroit annuellement dans le Gange, et qu'il en sortoit, plus de cinq cents bâtimens, grands, médiocres, ou petits, appartenans aux Anglois. Depuis cette époque, le nombre en est considérablement accru, et ne fera qu'augmenter avec le tems. La liberté civile, religieuse et commerciale, attire à Calcutta une population immense ; et l'on doit avouer que le gouvernement favorise les cultures des productions du commerce. On peut lui reprocher de ne s'être pas occupé des moyens de corriger l'insalubrité de l'air qu'on y respire. S'il en vient à bout, si la puissance des Anglois, dans cette partie du monde, se soutient long-tems, cette ville sera un jour l'émule de Londres.

XXIV°. Obs.

P. 105. Les tours de force, d'adresse et d'escamotage des Indiens, sont, en effet, plus surprenans que ceux des plus habiles Européens J'ai vu étant à la côte de Coromandel, celui du bambou, supporté par une ceinture autour des reins d'un homme fort et vigoureux, au haut duquel monte une jeune fille, qui y prend différentes positions, entr'autres celle horizontale, les bras et les jambes écartées, ayant le ventre pour appui unique, sur l'extrémité du bambou ; mais cet homme retenoit le bambou en équilibre avec ses deux mains, et ne courroit, ni ne marchoit ; seulement il changeoit de position, pour conserver l'équilibre, et paroissoit très fatigué, comme on peut le soupçonner, de cet exercice, car il seroit à grosses gouttes : mon jongleur n'étoit donc pas si adroit, que celui cité par notre auteur.

XXVe. OBS.

P. 106. « La rade de Voltha, est assez sûre « pour les vaisseaux, lorsque les change- « mens des moussons, ne sont pas accom- « pagnés d'ouragans : car, dans ce cas, elle « est fort dangereuse, de même que tout le « Gange ». Je n'ai point vu d'ouragans pendant mon séjour dans le Bengale, mais j'ai ouï dire qu'ils y causoient souvent d'affreux dégâts. Je suis surpris que, jusqu'à ce jour, les Anglois n'aient pris aucune précaution pour s'en garantir. Il me semble qu'ils pourroient creuser un port où leurs vaisseaux seroient amarrés bord-à-quais. Il n'y a point d'années sans ouragans, dit-on, dans le Bengale ; mais ils n'affectent pas toutes les parties de ce vaste pays.

XXVIe. OBS.

Ibid. « Les vaisseaux, sont à Folta, à l'abri « de l'impétuosité des flots, qui, au com- « mencement de la marée, s'élèvent sou- « vent, tout-à-coup, à six pieds et même plus ;

« de sorte qu'ils arrachent quelquefois les
« navires de leurs ancres, en rompant les
« cables, et les jettent contre la rive, ou sur
« quelque bas-fond ».

Dans le tems des eaux vives, on les voit
quelquefois s'élever, comme une muraille,
de huit à dix pieds de haut, et prendre une
course très-rapide. Elles se jettent tantôt d'un
côté, tantôt de l'autre (on nomme cet effet
une macrée). Les bâtimens qui se trouvent
exposés à leur impétuosité, sont ordinairement jettés sur le rivage. On entend le bruit
des macrées de très-loin : aussi les bateaux
sont alors conduits dans les canaux, qui sont
fréquens sur le fleuve, afin de les dérober
à la fureur des flots.

XXVII.ᵉ Obs.

P. 110. « La manière des Bengalis d'extraire
le sucre des canes-à-sucre, est à-peu-près la
même que celle des Chinois et des Cochinchinois ; elle est très-imparfaite ; mais les
Anglois ont transporté dans le Bengale, des
moulins propres à cette fabrication, et dont
l'agent est le feu : cet art y sera bientôt
porté au même point de perfection qu'il l'est
dans les colonies des Antilles.

Je ne sais pas si les canes du Bengale sont

d'une espèce différente de celles que nous connoissons. Si elles sont inférieures par leurs produits, il sera très-facile d'en transporter d'autres, soit de Batavia, soit de la Cochinchine, soit même des Antilles. On m'a dit qu'on avoit transporté dans ces îles, des canes d'Otaïti, qui étoient beaucoup plus précoces, que toutes celles connues. Si, comme on le prétend, elles sont bonnes à être mises en coupe au bout de neuf mois de plantation, peut-être réussiroient-elles dans nos départemens méridionaux ; mais il est à désirer pour la France que l on découvre une espèce encore plus hâtive que celle-là, comme je l'ai dit, dans mon *Voyage à Canton*.

XXVIII.ᵉ OBS.

P. 112. «Nous trouvâmes, sur notre route, » les restes sanglans d'un Bengalois, qui » venoit d'être dévoré par un tigre. » On prétend que cet animal se contente de sucer le sang. Je crois que l'auteur se trompe, quand il dit : que *le tigre ne se montre, en général, que lorsqu'il peut, d'un seul saut, s'élancer sur sa proie*. Il faudroit, pour cela, qu'il se tînt caché et comme en embuscade. Or, il est de fait qu'il rôde pour assouvir sa faim. Un jeune Anglois, grand chasseur,

voulut prendre le plaisir de la chasse. Il fut
en bateau quelques lieues au-dessous de
Calcutta; il se fit mettre à terre, dans une
plaine qu'il jugea peuplée de gibier. Un tigre
l'apperçut, et vint à lui. L'Anglois, jeune et
vigoureux, présenta le bout de son fusil à
l'animal, et fut, à reculons, jusqu'au bord
de la rivière, à l'endroit où il avoit laissé son
bateau. Quand il en fut près, il recommanda
à ses gens de tenir les avirons levés, pour
pousser au large avec promptitude, dès qu'il
sauteroit dans le bateau; mais le tigre plus
alerte que lui et ses gens, s'élança dans le
même moment, et prit l'Anglois, pendant le
saut, et, pour-ainsi-dire, à la volée, et l'em-
mena à terre. On n'en a plus entendu parler.
On demandera peut-être pourquoi ne s'est-il
pas plutôt élancé sur sa proie? Je répondrai
que le tigre est naturellement très-défiant, et
que le fusil du chasseur, qu'il ne connoissoit
pas, suspendoit son élan. Les Bengalis laissent
ordinairement leurs portes ouvertes, dans la
nuit, pendant les grandes chaleurs de l'été;
ils y mettent seulement un rideau de toile,
bien assujéti aux deux côtés. Les tigres res-
pectent cette foible barrière; ils tournent
autour de la maison, restent long-tems à la
porte, sentent que leur proie est là; mais ils

n'osent pas forcer cet obstacle, uniquement par défiance.

XXIX.ᵉ Obs.

P. 113. Nous avons aussi des singes à l'Isle-de-France. Ceux-ci ne *jettent point dans les broussailles les jeunes qu'ils tiennent entre leurs pattes.* Lorsqu'une fémelle a un petit, celui-ci se tient sur son dos, et la serre étroitement à brasse-corps ; sa mère saute de branche en branche avec son fardeau, et le petit ne l'abandonne jamais, même quand elle est morte ; il faut lui faire violence, pour l'en séparer. Ces animaux sont fort intelligens. Lorsqu'ils viennent en troupes, voler du maïs, dans un champ qui avoisine le bois, ils ont toujours des vedettes sur les arbres, pour les avertir de l'approche de l'homme. Chaque singe emporte à-la-fois cinq épis de maïs ; un à chaque main, un sous chaque aisselle, et le cinquième dans la bouche. Un habitant de l'Isle-de-France avoit fait un entourage, avec des raquettes, sur sa terre. On connoît l'opuntia-major, le nopal à fleurs jaunes, qui vient très-haut, très-touffu, et qui a une quantité prodigieuse de fortes et longues épines. Les singes, attirés par les plantations renfermées dans

cette clôture , qui paroissoit impénétrable ,
d'autant plus qu'elle étoit très-large , y faisoient des ponts pour passer , sans être pi-
qués ; ils ramassoient des bois , des écorces
des arbres morts , et les jettoient sur les raquettes , à la suite les unes des autres.

X X X.ᵉ O ʙ s.

P. 120. Je suis surpris que la petite flotille , partie de Chinsurah , ait mis deux
marées , pour se rendre à Calcutta. J'y ai été
bien des fois de Chandernagor , qui n'est
qu'à une petite lieue au-dessous de Chinsurah , et toujours dans une marée , et j'en
suis revenu de même. On est plus favorisé
par le courant , en allant qu'en revenant.
Cette flotille avoit vraisemblablement vent
contraire , et peut-être étoit-il fort.

Le cérémonial observé , lors de la visite
du directeur de Chinsurah , au gouverneur
de Calcutta, et les honneurs qu'on lui rendit,
les prévenances , les attentions qu'on eut
pour lui , prouvent que les Anglois n'ont aucune morgue , sur tout ce qui tient à l'étiquette.

X X X I.ᵉ O ʙ s.

P. 125, 126 et 127. La famine qui a désolé
le Bengale, en 1769 , et dont parle l'auteur ,

provenoit d'une sécheresse extraordinaire,
et telle qu'on n'en avoit pas vue, depuis un
siècle. Le *monopole*, exercé par les Anglois
sur le commerce du riz, est sans doute
criant; mais n'a pas pu être la cause de la
disette. L'auteur dit que *les pauvres habitans ne gagnoient qu'un sou ou un sou et
demi par jour*. Il y a ici vraisemblablement
une faute d'impression, ou de traduction. Il
n'y a point de pays où le salaire du manœuvre soit à si bas prix. Supposons qu'il
fût alors de trente centimes, et que la livre
de riz fût au même prix, il est certain que
les pauvres habitans n'avoient pas les moyens
de *soutenir leur famille*. La mortalité fut
très-grande. Les Anglois, pour prévenir, à
l'avenir, un pareil malheur, ont établi des
greniers dans tout le Bengale, qui est un des
pays le plus abondant de la terre, et qui produit annuellement deux récoltes de riz. Je
les engagerois à introduire, dans le bas du
Gange, la culture des patates douces et des
ignames; d'essayer celle du manioc et du
camanioc, ou enfin d'y multiplier les choux
caraïbes, qui y croissent naturellement, et
de tenter, dans les hauts, la culture des
pommes de terre.

J'ai vu, dans un gros village, situé sur la

rive droite du fleúve , à trente-cinq ou quarante lieues environ de Chandernagor , une
assez grosse racine jaune que l'on vendoit au
marché , et qui se mange. Je n'en achetai pas,
parce que j'étois pressé , et que je croyois en
retrouver , soit dans notre comptoir , soit à
Calcutta ; mais elle n'y est pas connue. Je
me proposois de la transplanter à l'Isle-de-
France , où elle auroit pu être utile à la nourriture des noirs. Des plantations de cette
racine pourroient offrir une ressource dans
les tems de disette.

On assure que le riz-sec est cultivé, dans
le Bengale , sur les montagnes ; mais ce grain
ne réussit pas dans les années sèches ; il veut
être arrosé des eaux du ciel.

Il me semble que , dans les tems de famine , on pourroit user d'une ressource qui
entretiendroit l'existence de l'homme. Une
petite quantité de farine nutritive , de blé ,
de seigle , d'orge , d'avoine , de riz , de pois ,
de haricots , de blé-sarrazin , de millet ou de
sagou , ou de fécule de pommes de terre ,
ou d'autres racines , telles que l'arum , la
bryonne , l'asphodelle , ou de marons-d'Inde,
préparés , suivant les procédés du célèbre
chimiste Baumé , mêlée avec de la gomme
arabique , ou de la gomme adragant , ou

même de celle du pays , suffiroit à la nourriture. Des os, que l'on rejette ordinairement , bouillis long-tems , dans des vases
fermés hermétiquement , donneroient un
mucilage , qui , mêlé avec une farine ou avec
une fécule nutritives, substanteroit l'homme.
Le règne végétal ne pourroit-il pas fournir
aussi une dissolution mucilagineuse qui rem-
pliroit le même objet ; par exemple , les
graines de lin, celles du baume des champs,
la mousse du Japon , dont la décoction
fournit une gelée agréable.

XXXII.° OBs.

P. 127. L'air est mal-sain dans le bas du
Gange. Ce ne sont point les cadavres qui l'in-
fectent. Les Bengalis exposent les mourans
sur les bords du fleuve , par esprit de superstition , croyant qu'ils sont purifiés par ses
eaux Les chiens marons , qui sont en grand
nombre , les dévorent. Le pays est extrêmement humide ; il a beaucouq d'étangs et de
marais : c'est-là , je crois , la cause de l'insalubrité de l'air.

XXXIII.° OBs.

P. 130. Les îles de Nicobar appartiennent
aux Danois , qui n'en tirent pas un grand
parti, quoiqu'elles soient bien situées , pour

faire le commerce de l'Inde. Elles produisent un palmier qu'on y nomme *mallora*, et qui est assez semblable au voakoa de Madagascar et des Isles-de-France et de-la-Réunion, dont les feuilles servent à faire des sacs d'emballage pour le café, et pour d'autres usages. Le fruit du mallora contient une farine nutritive, qui sert de nourriture aux Indigènes, et même aux Européens.

XXXIV.ᵉ Obs

P. 138. Voilà un effet assez extraordinaire d'un tremblement de terre, arrivé à Batavia, et qui n'a duré qu'un peu plus de deux minutes. « L'eau sembloit bouillonner dans les » canaux de la ville ; les lanternes et les lus- » tres, qui pendoient dans les maisons, » furent, pendant plus de trois quarts d'heure, » après la commotion, balancés de côté et » d'autre. » Il me semble que les tremble- mens de terre ne sont pas fréquens à Bata- via, comme dans d'autres pays ; par exemple : à l'Isle-de-Luçon, au Japon, etc., ils sont fort rares aux Isles-de-France et de-la-Réunion. On prétend qu'au moment même où l'on en ressentit un, dans cette dernière, il y a en- viron une vingtaine d'années, un vaisseau qui approchoit du mouillage, ressentit une secousse. Un de mes amis, qui a fait le voyage autour du monde, avec le général Bougainville, m'a dit qu'étant à terre, à la Nouvelle-Hollande, près du rivage, il ressentit un tremblement de terre ; en mêmetems, la mer s'éloigna de ses bords, et revint avec impétuosité sur le rivage, et passa ses limites ordinaires. Il ajouta, que ce mouvement de fluctuation, de la part des eaux de la mer, se répéta trois fois. Lors du tremblement de terre à Lisbonne, en 1754, le même effet eut lieu à Cadix, et fit périr beaucoup de personnes sur la chaussée, entr'autres, le petit-fils du fameux Racine

XXXV.ᵉ Obs.

P. 140. L'auteur parle d'un habitant d'Otaïti, que le célèbre capitaine Cook avoit emmené, et qu'il a vu à Batavia. Je dirai, à cette occasion, que j'ai vu, à l'Isle-de-France, celui de la même île, qui s'étoit embarqué avec le citoyen Bougainville, qui se nommoit Pontavéry, et qu'il a conduit à Paris. On l'a ramené à l'Isle-de-France, où il a passé quelque tems. Il a séjourné plusieurs jours sur mon habitation. Il parloit beaucoup du citoyen Bougainville, qu'il regardoit comme son père, et se rappeloit,

avec

avec attendrissement, toutes les bontés qu'il
en avoit reçues. Il avoit le cœur excellent.
Il ne parloit jamais de ses parens sans verser
des larmes, et témoignoit le plus grand désir
d'aller les rejoindre pour jouir de leurs em-
brassemens, de leur étonnement, et de la
satisfaction qu'il se proposoit de leur faire
éprouver, en partageant, avec eux, tout ce
qu'il avoit rapporté de Paris, et tout ce qu'il
avoit recueilli à l'Isle-de-France; car, par-
tout, on l'avoit comblé de présens. Il s'embarqua avec le capitaine Marion, qui devoit
le ramener dans son pays; mais il mourut,
de la petite vérole : et l'on sait que le brave
Marion a péri malheureusement dans la Nou-
velle-Zélande, victime de sa confiance. Il a
été mangé par les Sauvages.

Poutavéry reconnut notre takamaka, pour
un arbre de son pays, et me dit que ses
compatriotes employoient la résine qui en
découle, lorsqu'on y fait une incision, dans
le tems de la sève, pour guérir les blessures :
cet arbre lui rappeloit des souvenirs tendres,
et lui faisoit verser des larmes.

XXXVI.ᵉ Obs.

P. 141. « Le 17 octobre, il y eut, à
» Batavia, un jour de jeûne et de prières,

» cérémonie qui s'y observe tous les ans ,
» immédiatement avant le départ de la flotte
» destinée à retourner en Hollande ». Dans
le même-tems et à la même occasion, on
donne un grand dîner, dans une très-vaste
salle du château-d'eau, où sont rassemblés
le Général et la Haute Régence de Batavia ,
toutes les personnes qui occupent les places
distinguées , les Capitaines de vaisseaux en
partance , et même les Etrangers. J'ai eu
l'honneur d'assister à ce repas splendide ,
qui dure long-tems, où l'on boit et où l'on
fume beaucoup. Le cérémonial qu'on y
observe m'a paru minutieux. On y porte
beaucoup de santés, entr'autres, aux environs de Batavia ; et, ce qui m'a paru plus
plaisant, à celle des *Edèles-héers* morts. Le
repas qui se donne aux dépens de la compagnie de Hollande , pourroit être supprimé
sans inconvénient.

Ibid. Ce n'est point un marin qui est ins-
tallé le chef de la flotte ; c'est un Édèle-
héer, ou un Gouverneur de quelqu'un des
établissemens des Hollandois , qui fait son
retour en Europe : il est le commandant de
la flotte, avec tous les honneurs d'un amiral;
il en a même le pouvoir.

XXXVII.° Obs.

P. 141. « La flotte fut obligée de différer
» son départ, à cause d'un navire qu'on
» attendoit journellement de la côte de Coro-
» mandel, qui devoit nous apporter des
» toiles et du poivre, pour achever notre
» cargaison ». Cet ordre me paroît vicieux ;
il entraîne à des dépenses très-fortes, et peut
occasionner des inconvéniens plus graves. Il
me semble qu'il seroit plus à-propos d'expé-
dier les vaisseaux un à un, quand ils sont
prêts, comme font les Anglois, et comme
faisoient les François, même dans le tems
qu'ils avoient une compagnie exclusive, que
de les faire partir en flotte.

XXXVIII.° Obs.

P. 145. « Les courans qu'on éprouve sou-
» vent sur ce banc de sable (le banc des
» Aiguilles) sont dangereux, par les rudes
» brisans qui s'y font sentir, et qui ont causé
» la perte de plusieurs vaisseaux de la com-
» pagnie, particulièrement de ceux des
» seconds convois, qui doivent attaquer ce
» banc au mois d'avril ou de mai, tems où
» ces parages sont exposés aux plus vio-
» lentes tempêtes ». Nous ne connoissons des

brisans que sur les hauts-fonds. Il est vrai que
la mer, sur le banc des Aiguilles, et dans
les environs du Cap de Bonne-Espérance,
est beaucoup plus mauvaise, pendant les
tempêtes violentes, auxquelles ces parages
sont exposés dans l'hiver, que par - tout
ailleurs ; excepté, peut-être, aux environs
du Cap-Horn ; mais les lames monstrueuses
qu'on y voit dans cette saison, et qui paroissent élevées, comme des montagnes d'eau,
ne peuvent pas s'appeler des brisans. Plusieurs vaisseaux, dit-on, de la compagnie
angloise, ont été engloutis dans les flots,
par les lames qu'ils ont embarquées, en
cherchant à doubler le Cap de Bonne-Espérance, dans la saison orageuse : peut-être
ces vaisseaux avoient - ils des voies d'eau.
Quoi qu'il en soit, ils ne les exposent plus
à doubler ce fameux Cap, dans le fort de
l'hiver, à moins qu'ils n'aient trois ponts.
Notre Hollandois se trouvoit, vers la fin
de frimaire, dans ces parages : c'est le tems
de la belle saison.

XXXIX.ᵉ OBS.

P. 145. « La compagnie de Hollande or-
» donna, en 1767 et 1768, que ses vaisseaux,
» qui, dans cette saison (germinal ou flo-

» réal), se trouveroient à cette hauteur,
» devoient attaquer la pointe du banc des
» Aiguilles , pour vérifier et corriger leur
» pointage , et qu'aussitôt qu'ils auroient
» trouvé fond, ils prendroient par le Sud ,
» en arrondissant la pointe du banc, sans
» aller reconnoître le Cap de Bonn-Espé-
» rance. . . . Comme on s'apperçut cepen-
» dant qn'il en résultoit de plus funestes
» accidens encore , on permit à tous les
» vaisseaux de se rendre au Cap de Bonne-
» Espérance , excepté le dernier vaisseau. »

Les mois de germinal et de floréal ne sont
point ceux où *ces parages sont exposés aux*
plus violentes tempêtes ; c'est le mois de
messidor. En tout tems, il est plus à-propos
de se tenir à vue de terre. On a reconnu que
le vent y étoit moins fort , les lames moins
grosses , que dans la haute mer, et que les
courans portoient dans l'Ouest,

Le vaisseau *le Condé* de la compagnie
françoise des Indes , commandé par feu
Chéniau, est celui qui a indiqué aux marins,
en 1768, la meilleure manœuvre, pour doubler le Cap de Bonne-Espérance. Le citoyen
Toisquenay qui étoit officier sur ce vaisseau,
aujourd'hui directeur de port à l'Orient, l'un
des officiers les plus capables de la république,

pour la manutention des ports, détermina le capitaine du *Condé* à faire relâche à la baie de False, où le vaisseau se trouva à l'abri des tempêtes de l'Ouest, et du Nord-Ouest, qui sont ordinaires dans la mauvaise saison. Il profita d'un vent d'Est, pour doubler le Cap de Bonne-Espérance. On sait que la baie de False tient en quelque sorte à la pointe la plus méridionale du Cap, et qu'il ne faut que quelques heures de bon vent pour la doubler. On sait aussi que les vents et la mer sont maniables, dès qu'elle est doublée. Le citoyen Boisquenay, à son retour en France, sur le même vaisseau, rendit compte à la compagnie du succès de cette manœuvre; elle fit imprimer une instruction qui en donnoit le détail, et la distribua, pendant quelques années, à tous les capitaines de ses vaisseaux qui partoient pour les Indes. Depuis cette époque, le Cap de Bonne-Espérance, si redouté, par les tempêtes les plus orageuses, dans la mauvaise saison, est doublé avec facilité. En rendant compte d'un fait aussi notoire, je ne prétends pas instruire les marins; j'ai voulu seulement rendre justice à qui elle appartient, et revendiquer, en faveur de la nation françoise, une manœuvre qui a sauvé, depuis qu'elle est pratiquée, bien des vaisseaux et bien des équipages, et qui a mis les premiers dans le cas de ne pas manquer leurs voyages, comme cela arrivoit très-souvent, avant cette époque. J'ai vu quantité de vaisseaux françois revenir à l'Isle-de-France, démâtés, délabrés, les équipages sur les cadres, ayant couru les plus grands dangers de périr, par des tempêtes affreuses qu'ils avoient essuyées, dans les parages du Cap de Bonne-Espérance. Il en résultoit une année de perdue pour la vente de leurs cargaisons, des frais considérables pour les équipages, et pour les réparations nécessaires aux vaisseaux, des avaries dans les marchandises, et toujours la perte de beaucoup de matelots. Ce fut un service très-important que le citoyen Boisquenay rendit à la compagnie et à l'humanité, en imaginant une manœuvre aussi simple, qui prévenoit tant d'inconvéniens.

X L.ᵉ O ʙ s.

P. 147. Notre navigateur essuya *une tempête, venant de l'Ouest, avec une mer fort creuse, qui fatigua beaucoup le vaisseau,* dans les parages du Cap de Bonne-Espérance, à la vue de terre, dans le mois de décembre. J'en ai essuyé une du même rumb, dans les

mêmes parages, au mois de novembre, et
une autre, dans le mois de janvier, quelques
années auparavant. Il paroît que, dans toutes
les saisons de l'année, ces mers sont exposées à être battues des tempêtes; mais celles
de l'été sont moins violentes, moins longues,
moins fréquentes, que celles de l'hiver.

X L I.ᵉ O B s.

P. 151. Quoique l'Isle-de-Sainte-Hélène
soit petite, quoiqu'elle ne soit pas, en général, fertile, quoiqu'elle n'ait pas de port,
elle est très-utile aux Anglois, par les rafraîchissemens qu'elle fournit aux vaisseaux qui
reviennent des Indes, sur-tout à ceux qui ne
se sont pas arrêtés au Cap de Bonne-Espérance, vû les tempêtes auxquelles on y est
exposé, pendant l'hiver. Ces vaisseaux y dé-
barquent leurs malades, qui s'y rétablissent
assez promptement, parce que l'air et les
eaux y sont salubres, et que les vivres y sont
frais; ils y prennent de l'eau, du bois, des
rafraîchissemens et des matelots, en rem-
placement de ceux qu'ils y ont débarqués.
Les François et les Hollandois y relâchent
quelquefois.

X L I I.ᵉ O B s.

P. 151. L'Isle-de-l'Ascension n'a que huit

à dix lieues de-tour. Elle montre par-tout
des traces évidentes et fraîches d'un volcan,
auquel peut-être elle doit son origine. Elle
n'est guères susceptible de culture. Une
seule de ses montagnes montre une apparence de verdure. On y trouve du pourpier
en abondance, et d'excellentes tortues de
mer, depuis frimaire, jusqu'en prairial. J'y
ai trouvé des fragmens de poteries, qui sup-
posent qu'elle a été habitée. J'y ai vu un gros
tronc d'arbre pétrifié, qu'il seroit difficile
d'enlever, parce que le rivage a une barre.
Il n'y a pas de ruisseaux. Lorsque les
terres se seront affaissées et raffermies, et
que les arbres s'y seront multipliés, alors on
pourra y trouver des sources d'eau vive, et y
placer des habitans; mais il faut peut-être
plusieurs siècles, pour amener cette amélioration.

X L I I I.ᵉ O ʙ s.

P. 153. « C'est entre les 21 et 34 degrés
» de latitude que l'on rencontre le plus de
» lentilles de mer (espèce de goëmon), dont
» la quantité diminue journellement, en
» avançant vers les 38 et 39 degrés, où l'on
» n'en rencontre plus du tout. » Si les eaux
de la mer avoient un courant général, ces

lentilles de mer devroient se répandre bien
au-delà des 21 et des 39° degrés. Cependant,
on n'en voit que dans ces parages, depuis
qu'on parcoure l'Océan.

XLIV.° O B s.

P. 157. Le chef d'escadre Stavorinus,
parti du Bengale, le 19 germinal, arrive au
Texel, le 5 prairial de l'année suivante. Voilà
donc un voyage de treize mois et demi. S'il
eût dirigé sa route du Bengale en Europe,
il auroit pu y arriver au bout de cinq ou six
mois tout au plus. La compagnie de Hollande fait partir ses flottes de Batavia ; il faut
donc que ses vaisseaux du Bengale, de la
côte de Coromandel, de l'île de Ceylan et de
la côte Malabarre, se rendent à Batavia. Il
me semble qu'elle devroit adopter une
marche plus conforme à ses intérêts, en or-
donnant à ses vaisseaux du Bengale, de Ceylan, et d'ailleurs, de faire voile directement
pour l'Europe, lorsqu'ils ont leurs cargaisons
complètes. C'est ce que faisoient les François, et c'est aussi ce que font les Anglois.

XLV.° O B s.

P. 161. « L'île de Java, une des plus
grandes îles des Indes Orientales, est située

entre le 6.e et le 9.e degré de latitude, au Sud de la ligne équinoctiale ; elle s'étend en longueur, du 120.e degré à l'Est du Ténériffe, jusqu'au 131.e degré ; elle a, par conséquent, cent soixante-cinq milles de longueur, en allant, à peu de chose près, de l'Est à l'Ouest. » Il y a ici une faute d'impression. Du 120.e degré au 131.e, il y a 11 degrés, qui font à-peu-près deux cents vingt lieues, et, par conséquent, trois cents soixante milles. Sumatra est un peu plus long et un peu plus large. Madagascar a encore plus d'étendue en longueur et en largeur.

X L V I.^e O b s.

P. 167. « La compagnie des Indes Orien-
» tales de Hollande s'est arrogée un suprême
» pouvoir sur le détroit de la Sonde, pouvoir
» qui est reconnu par toutes les autres puis-
» sances. En conséquence, elle exige le salut
» de tous les vaisseaux étrangers qui passent
» par ce canal, et qu'elle a le droit d'arrêter ;
» mais elle ne fait aucun usage de cette pré-
» rogative. »

Ce suprême pouvoir de la compagnie hollandoise, est bien loin d'être reconnu par toutes les autres puissances. Je ne crois même pas qu'elles imaginent que ladite compagnie

en ait la folle prétention, et je ne sache pas
qu'elle ait jamais *exigé le salut de tous les
vaisseaux étrangers qui passent par ce canal.* Je l'ai traversé bien des fois sur des
vaisseaux françois, qui n'ont fait aucun salut.
Ils ont mouillé en allant, à Anières et à Sérigny, villages de l'île de Java, deux postes
où le pavillon hollandois est arboré. Il est
toujours venu à notre bord un soldat, qui
demandoit le nom du capitaine, celui du
vaisseau, et sa destination. On satisfaisoit,
ou l'on ne satisfaisoit pas à ses questions,
suivant le bon plaisir du capitaine. Quant *au
droit d'arrêter les vaisseaux qui passent par
ce canal*, il n'est pas reconnu, et la compagnie fait très-sagement, si elle croit que ce
droit lui appartient, de n'en pas faire usage.
Il faudroit, pour le faire valoir, qu'elle entre-
tînt des forces maritimes dans le détroit de
la Sonde, en état d'en imposer aux vaisseaux
qui le traversent. Ce seroit une dépense sans
profit, et vraisemblablement un sujet de
guerre.

L'auteur ajoute, page 168. « Il existe, sur
cet objet, une résolution du conseil des Indes,
qu'on trouve dans l'ordre secret que reçoivent les vaisseaux de la compagnie, qui
partent pour l'Ouest, relativement au salut

à exiger des navires étrangers qu'on rencontre ; et ce n'est que lorsqu'on trouve de ces navires sur sa route , qu'il est permis d'ouvrir cet ordre, et non autrement. »

Je n'ai pas ouï dire que , dans aucun tems, un seul vaisseau hollandois ait exigé ce salut des étrangers , et je crois que , si la résolution du conseil des Indes , qui l'ordonne, a jamais existé , il n'a pas été mis à exécution. Je le répète , cette prétention de salut est ridicule, et seroit impolitique.

XLVII.ᵉ OBS.

P. 168. La montagne-bleue , dont parle l'auteur , et qui se fait appercevoir à une grande distance, parce qu'elle est très-haute, voit à ses pieds une maison de plaisance, qui appartient en propriété au général de Batavia, qui la paye toujours 40,000 rixdalers , aux héritiers de son prédécesseur , et à qui elle rapporte, dit-on , annuellement 40,000 rixdalers ; c'est le même revenu que le capital. On prétend qu'elle ne peut convenir qu'au général de Batavia, et qu'en toute autre main , elle ne rapporteroit aucun revenu. Cette maison de campagne , qu'on nomme Buitenzorg, est à vingt-cinq lieues de Batavia. Les chemins, pour s'y rendre , sont extrêmement difficiles. Le général y va rarement. On dit que l'air y est on ne peut pas plus salubre, et que les environs sont très-fertiles.

XLVIII. OBS.

P. 174. Chéribon, qui est dans l'Est de l'île de Java, en est la partie la plus saine. C'est là où sont les grandes plantations de café, qui fournissent à la compagnie des cargaisons de cette fève précieuse; mais elle est d'une qualité inférieure. Chéribon produit aussi beaucoup de riz. La suprématie de la compagnie n'est pas bien reconnue, ni bien affermie dans toute l'île. La supériorité des armes européennes, sur celles des Insulaires, la discipline des Blancs, leur tactique, entièrement ignorée de ces peuples, leur courage, ont soumis, en apparence, les Javans aux Hollandois; mais les princes qui sont éloignés de Batavia, et qui craignent moins les incursions des troupes blanches, que ceux qui avoisinent cette capitale, sont presqu'indépendans.

XLIX. OBS.

P. 179. « Vers la fin de ma résidence à Batavia, c'est-à-dire, depuis le mois de juillet, jusqu'au mois de novembre, le thermomètre s'est toujours soutenu, pendant la plus

grande chaleur du jour, entre les 84 et 90.°
degré, sur l'échelle de Farenheit, excepté
une seule fois qu'il a monté au 92.° degré ; et
pendant la plus grande fraîcheur de la ma-
tinée, il descendoit rarement au 76.° degré.
Ce thermomètre étoit placé dans la ville, en
plein air, à l'abri du soleil et de la réverbé-
ration de ses rayons. » Sir Staunton a prétendu, dans le Voyage de l'ambassade angloise, p. 328.t. I, que *le thermomètre
monte ordinairement à Batavia, pendant
la nuit, de quatre ou cinq degrés au-dessus
de ce qu'il étoit à l'ombre, lorsque le soleil
étoit au zénith.* J'ai contredit ce fait, dans
mon *Voyage à Canton*, et je m'appuie ici de
l'autorité du chef d'escadre Stavorinus, qui
a résidé en différentes fois, beaucoup plus
long-tems, dans cette ville, que l'Anglois.

L.° Obs.

P. 183 et suivantes. L'île de Java fournit
aux Hollandois des cargaisons de riz, de
poivre, de sucre, de café, et un peu de
coton et d'indigo. Il nous seroit facile de retirer les mêmes denrées et beaucoup d'autres de l'île de Madagascar, plus grande que
celle de Java, moins insalubre, plus peuplée et plus fertile, si nous y formions un

établissement, dans une situation plus convenable, que celle des tentatives qui ont été faites, si nous mettions plus de constance dans notre entreprise, si elle étoit dirigée par des principes plus sages et plus politiques, enfin si nous y consacrions plus de moyens. Ce n'est pas ici le lieu de développer les idées que j'ai présentées plus d'une fois à l'ancien gouvernement, sur un projet qui promet à la nation des avantages incalculables. Caton terminoit tous ses discours au sénat, par ce mot fameux, *et delenda est Carthago*. Je terminerai ma vie, en répétant à chaque occasion, *formons un établissement à Madagascar*, sur-tout aujourd'hui que les principes de liberté rallieront, sous le pavillon tricolore, tous les peuples de cette contrée. Il ne s'agit pas moins que d'acquérir à la France, une population de quatre millions de frères, braves, spirituels, industrieux, adroits, vifs, gais, transplantés dans les Indes Orientales, susceptibles d'exercer tous les arts qu'on voudra y transplanter, et dont les bras peuvent aider tous les projets de la politique.

Madagascar est un des pays des plus fertiles de la terre. Il s'étend depuis le 12.° degré Sud, jusqu'au 26.° et demi, ce qui fait 14 degrés

degrés et demi. Cette île a donc plus de trois
cents lieues de longueur, sur une largeur
qui varie, depuis vingt, jusqu'à quatre-vingt
lieues au moins. Elle a des bois superbes,
entr'autres, le *Filao*, qui est une espèce de
cèdre, propre à la construction des vaisseaux, l'ébénier, le takamaka, le bois-de-
canelle, le bois puant, le bois-de-bienjoint,
le bois-de-fer, arbres dont on tire un si grand
parti à l'Isle-de-France, pour la construction
navale et pour la construction civile. Le riz
y croît, pour-ainsi-dire, sans culture : le blé
se resème de lui-même, dans la partie méridionale. Le café, le coton, l'indigo, le sagou-
tier, les canes-à-sucre, y sont indigènes (*a*).
On y trouve plusieurs espèces de celles-ci.
Les troupeaux de bœufs sont répandus dans
toute l'île, et y sont nombreux. Il y a des
moutons dans le Sud, dont l'espèce paroît

(*a*) On n'a pas encore observé les différentes espèces de
canes-à-sucre que la nature produit. J'ai enrichi les Isles-
de-France et de-la-Réunion de deux variétés de canes qui
sont plus productives que celles qu'on y cultivoit et que
j'ai tirées de Batavia : l'une est propre aux terres neuves
et humides ; l'autre, aux terres vieilles et sèches. J'en aï
envoyées à St.-Domingue, à la Martinique et à Cayenne ;
elles ont réussi dans cette dernière colonie ; j'ignore quel
sort elles ont eu dans les deux autres. J'ai appris qu'il y

être la même que celle du Cap de Bonne-
Espérance. On y multiplieroit facilement les
chevaux, les cochons, les boucs, les ânes et
même les chameaux, en y transplantant ces
animaux des Isles-de-France et de-la-Réunion et de l'Inde, et les productions végétales que l'on désireroit y naturaliser, telles
que les arbres à épiceries fines, le poivrier,
le cacaoyer, le camphrier, le thé, et même
les arts des Indiens et des Chinois.

Je n'en dis pas davantage dans ce moment.
Je réserve tous mes moyens pour une occasion plus heureuse.

L I.° O b s.

P. 184. « Le royaume de Bantam et celui
» de Lampon, fournissent annuellement à
» la compagnie, plus de six millions de li-
» vres de poivre, lequel est regardé comme
» le meilleur de toute l'Inde, après celui du

---

avoit à Java une espèce de cane-à-sucre *médicinale* : c'est
ainsi qu'on la nomme dans le pays ; je n'en connois pas les
propriétés. Il faudroit rechercher dans les contrées où la
cane-à-sucre est indigène, si la nature n'en produit pas quelques espèces qui parviennent à maturité au bout de quatre
ou cinq mois de transplantation, et qui soient propres à
fournir du sucre : ce seroit un présent très-riche à faire à
la France, et même à toute l'Europe.

« Malabarre ». Il me semble que cette quantité est exagérée. La compagnie hollandaise tire encore du poivre du la côte Malabarre, par son comptoir de Cochin ; de Palembam dans l'île de Java, et des autres établissemens qu'elle a sur la côte Occidentale de cette île, de Banca, de Malac, de Bornéo. Le poivrier exige une température très-chaude ; c'est pourquoi il n'a pas réussi aux Isles-de-France et de-la-Réunion. La plante y vient bien ; mais elle n'y donne pas fruit. Elle réussiroit vraisemblablement à Madagascar dans les parties Septentrionales, et sur-tout à la Guyanne, où la température est plus chaude, où les terres sont légères et sablonneuses, où les pluies sont fréquentes dans une saison. Je ne doute pas que cette liane, dont le fruit est précieux, par l'habitude qu'ont prise les Européens, d'en assaisonner leurs alimens, ne prospérât au Sénégal, dans les terrains et les expositions qui lui conviennent. Je l'ai dit, dans mon *Voyage à Canton*. Il viendra un tems, où la plupart des productions végétales des Indes Orientales, seront fournies à l'Europe par d'autres contrées, au moyen des transplantations qu'on en fera, et des cultures qu'on y établira. Alors les Indes déchoieront de leur

D 2

splendeur et de leurs richesses. Je ne doute
même pas, qu'avec le tems, les arts des
Indiens et des Chinois, ne se répandent sur
le globe. La politique veut que la France
favorise et qu'elle accélère, autant qu'elle
le pourra, cette révolution dans le commerce. Il est, je crois, inutile que j'en dé-
veloppe ici les motifs ; mais le patriotisme
qui m'anime exigeoit que je misse ces principes au jour. Leur évidence frappera, tôt
ou tard, le gouvernement de la nation.

L I I.' O b s.

P. 185. « Le riz est la seconde production
» de Java. On en fait d'étonnantes moissons,
» sur-tout dans le royaume de Java, et prin-
» cipalement sur les terres humides. Lors-
» que les plantes ont environ un pied de
» hauteur, on les transplante, par paquets
» de six plantes, ou plus, en les disposant
» par longues rangées. Ensuite on inonde
» les terres dans la saison pluvieuse, en
» arrêtant le cours des ruisseaux dont le
» pays est parsemé, et on les tient ainsi hu-
» mides, jusqu'à ce que les tiges aient acquis
» de la consistance. Alors, on donne cours
» aux ruisseaux, pour l'écoulement des
» eaux, et l'ardeur du soleil opère bientôt

» le desséchement total des terres. » L'auteur
ne dit pas si l'on fait annuellement deux récoltes de riz à Java, comme dans l'Inde, et
comme je le présume. Si, en effet, on y
transplante le riz, *par paquets de six plants
ou plus*, c'est une méthode défectueuse, qui
rend la transplantation inutile ; c'est alors
une peine et une dépense de main-d'œuvre
qu'on pourroit épargner. Il seroit plus simple
de planter le grain de riz un à un, à la houe,
après avoir nétoyé le terrain, comme on le
fait à l'Isle-de-France. Le riz talle aussi bien
que le blé ; l'objet de la transplantation est
de séparer les tiges, afin qu'elles puissent
étendre leurs racines, sans s'entremêler, et
sans se dérober mutuellement les sucs nour-
riciers qu'elles tirent de la terre, et afin
qu'elles soient plus exposées aux influences
du soleil et de l'air. Cette méthode de la
transplantation du riz, qui a pris, vraisemblablement, naissance dans l'Indoustan, s'est
propagée à Malac, qui étoit autrefois le ren-
dez-vous des vaisseaux de l'Inde, du Bengale, de la Chine, etc. ; et de Malac, elle a
passé à Sumatra et Java, et même à la Chine ;
mais les peuples agrestes et ignorans de ces
îles n'en ayant pas saisi les motifs, ont pu,
par paresse, changer, dans quelques points,

la pratique des procédés qui leur étoient transmis. Batavia et les environs doivent peut-être, en partie, l'insalubrité de l'air qu'on y respire, aux rizières mal entretenues. Si les Javans n'ont pas l'attention, avant de faire leurs transplantations de riz, d'enlever soigneusement toutes les mauvaises herbes, qui se trouvent dans les champs, elles y pourrissent, elles infestent les eaux des rizières, et produisent des miasmes putrides, qui corrompent l'air. Je fais cette dernière observation pour tous les pays, où l'on cultive du riz dans les champs submergés, et sur-tout pour Batavia, où il seroit si intéressant de corriger l'insalubrité de l'air.

LIII.° OBS.

P. 186. « L'étonnante quantité de riz que » Java produit, lui a fait donner le nom de » grenier de l'Orient. Les autres îles de ces » parages, en produisent fort peu, ou, pour » mieux dire, point du tout, excepté l'île de » Célèbes, qui en procure à celle d'Amboine. » En 1767, Java dût en fournir, pour cette » seule année, à Batavia, Ceylan et Banda, » sept cents lasts, ou 21,000,000 ». Tout est à reprendre dans ce paragraphe. Java fournit du riz pour la consommation de l'île : il n'y a

rien là d'étonnant. Si l'on en retiroit annuellement des gargaisons nombreuses, pour en
fournir une partie de l'Orient, on pourroit
appeler cette île le grenier de l'Orient ; mais
les exportations de riz se bornent à une très-
petite quantité. Ceylan en cultive, et peut
s'en approvisionner, dans les deux côtes de
l'Inde, qui sont bien plus à sa portée. La
consommation de Banda est très - bornée.
Java fournit du riz au Cap de Bonne-Espérance, mais c'est en très - petite quantité.
Sept cents lasts ne font que 2,100,000. Il y
a ici une faute d'impression. C'est apparemment sept mille lasts que l'auteur a voulu
dire ; car la quantité de sept cent lasts est
beaucoup trop modique, pour l'approvision-
nement de Batavia.

Les Hollandois pourroient encourager et
étendre la culture du riz, à Java. Ils en
trouveroient presque toujours le débouché à
la Chine. Cette île, avec un régime différent
de celui qui a été jusqu'à présent adopté
par la compagnie hollandoise, deviendroit
très-peuplée, très-riche et très-commerçante.

L I V.ᵉ Oʙs.

P. 187. « Les fils de coton sont une espèce
» de denrée de Java, qui donne un grand

» bénéfice à la compagnie. Ces fils sont filés
» par les Javans, du coton qu'on cultive en
» abondance dans l'intérieur des terres. »
Le gouvernement ne manquera pas, sans
doute, d'étendre la culture des cotonniers,
et d'introduire dans le pays les filatures angloises, qui abrègent la main-d'œuvre, et
qui donnent des fils plus égaux.

On a voulu encourager dans l'île la culture de l'aloës, et celle de l'avaca, espèce de
bananier, dont on retire des fils propres à
faire des étoffes. J'en ai vu qui venoient de
Manille, et qui étoient fort propres. Outre
le pitre qu'on retire de l'aloës, cette plante
donne en abondance un suc qui, extrait des
feuilles et mis sur le feu à évaporer, forme les
trois sortes d'aloës répandues dans le commerce, et dont on fait un grand usage dans
l'Inde, où elles sont connues sous le nom de
mozambron. Les propriétés de cette substance résino-gommeuse, ne sont peut-être
pas assez estimées des Européens. Elle est,
pour les Indiens, une panacée universelle ;
ils s'en servent même à l'extérieur, pour
guérir les contusions et les plaies récentes.

L V.ᵉ Obs.

P. 188. « L'île de Java produit aussi de

» l'indigo, dont la plus grande partie se
» transporte en Europe. . . . On y recueillit,
» en 1768, deux mille huit cents soixante-
» quinze livres de cette denrée; les habitans
» sont taxés à en fournir six mille cent vingt-
» cinq livres par an. » Ces deux quantités
sont très-modiques. Ce n'est pas par des taxes
qu'on peut se flatter d'augmenter la récolte
d'une denrée ; mais c'est en la payant à un
prix avantageux. L'indigo javan, de première
qualité, est un des plus beaux qu'il y ait.
Les Anglois ont trouvé, à Bancoul, une
plante indigo-fère, du genre des apocyns,
qui fournit plus d'indigo que l'anil. Les Hollandois devroient en introduire la culture à
Java.

L V I.ᵉ O b s.

P. 189. Après avoir donné une description
assez juste de la mangue, l'un des meilleurs
fruits des Indes, l'auteur en donne une autre
tout-à-fait différente. Cette dernière commence au bas de la page. *La mangue est
regardée comme le fruit le plus délicat de
l'Inde.* Il y a ici erreur, soit typographique,
soit de traduction. Ce qui est dit ensuite
convient en grande partie au *mangoustan*,
qui est, en effet, le fruit le plus délicat des
Indes. L'auteur ajoute, page 190, « J'ai vu

» des personnes que l'usage de ce fruit avoit
» guéries d'une dyssenterie opiniâtre, quoi-
» qu'en général on prétende que sa qualité
» soit relâchante. La peau qui est astringente
» pourroit servir à composer une teinture
» d'un beau rouge foncé ». Il ne paroît pas
vraisemblable que l'usage du fruit ait guéri
des dyssenteries opiniâtres ; mais les décoc-
tions de l'écorce du fruit, qui est plus épaisse
que celle de la grenade, et qui est connue
pour être astringente, ont pu opérer des gué-
risons de ce genre. On en fait usage dans les
dévoiemens, dans les cours de ventre, dans
les dyssenteries, même dans les flux de sang.

L V I I.ᵉ O b s.

P. 190. Le fruit que l'auteur appèle *catappe,*
est, vraisemblablement, notre badame. Il ne
parle pas du meilleur fruit de Java, qui est
le *Mangoustan.*

L V I I I.ᵉ O b s.

P. 194. « Ce tabac leur sert également à
» fumer dans des pipes de roseau. Ils y
» mêlent souvent de l'opium, pour donner
» plus d'activité à leurs esprits, quoique
» l'usage constant de cette drogue serve plu-
» tôt à les éteindre ». Je ne connois pas

l'espèce de tabac particulier à l'île de Java, dont parle l'auteur. Il n'est vraisemblablement pas estimé; car les Hollandois ne font usage, à Batavia, que du tabac qui leur vient d'Europe, ou de celui de Manille, qui passe pour être doux et qu'ils fument. Si les Javans mêlent de l'opium à leur tabac, ce n'est point pour donner plus d'activité à leurs esprits; car l'opium pris en fumigation est soporifique; mais il procure, dit-on, un bien-être inexprimable, et les rêves les plus agréables.

L I X.ᵉ O b s.

P. 195. «Un des plus grands amusemens » des Javans, est le combat des coqs..... ◄ » Pour avoir le privilége d'en tenir, ils paient » à la compagnie un impôt qu'on afferme » tous les ans à Batavia, et qui est compris » dans les domaines du royaume de Jacatra. » En 1770, cette ferme rapportoit 420 flor. » par mois; mais cette espèce d'impôt ne » porte que sur les habitans de Jacatra »: parce qu'apparemment ils sont les seuls habitans de l'île qui aient la manie de ces combats des coqs; ou parce qu'il seroit difficile d'obtenir des autres, qui sont plus éloignés de la ville, le paiement de l'impôt. Jusqu'où va l'avidité? Jusqu'où porte la rage d'imposer ? Nous pensons que celle-ci ne fait point honneur à la compagnie de Hollande.

L X.º O b s.

P. 196. « Le mahométisme est la religion » des habitans de l'île. On assure cependant » que , dans l'intérieur des terres , au-delà » des montagnes, il y a encore quelques an- » ciens idolâtres». J'ai déjà dit que c'étoient les Arabes qui avoient semé dans l'île des principes du mahométisme ; mais les insu- laires avoient une religion , avant l'arrivée de ces étrangers. Ceux de l'intérieur des terres , qui ont peu de communication avec ceux des côtes , ont conservé leur religion. L'auteur croit qu'ils sont *idolâtres* : c'est un fait qui mérite d'être examiné. J'ai ouï dire, à Batavia, qu'on voyoit, dans l'intérieur de l'île, des ruines de vastes édifices, qui étoient , vraisemblement, des temples. Si ce fait est vrai, il supposeroit que ces insulaires ont été autrefois plus civilisés qu'ils ne le sont aujourd'hui, et plus avancés dans les arts ; peut-être l'île étoit-elle plus peuplée qu'elle ne l'est actuellement. J'ai parcouru, en mer, cent quatre-vingt lieues de côtes, depuis la montagne de Chéribon, jusqu'à la pointe de Vineroux, à l'entrée du détroit de la Sonde, sans avoir remarqué aucun village dans toute cette étendue, qui est très-boisée, ni même aucun vestige de culture. Je pencherois à croire que la côte méridionale de Java, est plus saine que la partie septentrionale.

LXI.º Obs.

Ibid. « Les médecins du pays, quoiqu'ils » n'aient ancune notion de la structure inté-» rieure du corps humain, sont cependant, » en général, plus recherchés par les Hol-» landois, que les médecins qui ont fait leurs » études en Europe. » Ceci n'est pas exact. Je conçois que les Hollandois pourront pré-férer, pour un mal local, qui peut se guérir par l'application d'un topique, les remèdes javans à ceux des Européens ; mais, dans les maladies graves, il n'est pas naturel qu'on s'adresse à l'ignorance, plutôt qu'à la science. Les indigestions sont communes à Batavia, beaucoup plus que dans l'Inde. Les cours de ventre, les dyssenteries, les flux de sang, les obstructions du foie, de la rate, du mé-sentère, et les maux qui en sont la suite, les fièvres, sur-tout les malignes et les putrides, sont les maladies les plus communes à Ba-tavia. On les combat avec des cordiaux, des astringens, des fondans et des purgatifs.

L X I I.ᵉ O b s.

P. 202. « Il est à craindre que l'attérisse-
» ment ne rende, avec le tems, la rivière
» absolument impraticable. » Ce manque de
prévoyance ne fait pas honneur à l'administration de Batavia. Elle pourroit, au moyen
de plusieurs machines, empêcher cet attéris-
sement ; elle pourroit même l'enlever, et
peut-être empêcher qu'il ne pût se former
par la suite.

L X I I I.ᵉ O b s.

P. 208. « Il y a quelques années qu'on a
» formé à Batavia une banque de commerce,
» laquelle est unie au Mont-de-Piété » Cette
banque existoit en 1761 et 1762, lors de mes
voyages à Batavia. Les billets de la banque
rapportoient un quart pour 100 d'intérêt par
mois. C'est le seul pays des Indes Orientales
où il soit aussi bas. A Pondichéry et à Madrast, il étoit à 8 pour 100 par an, et dans
le Bengale, à 9 ou 10 pour 100, avant l'année
1780 ; à la Chine, à 30 pour 100. A l'Isle-de-
France, l'intérêt légal a été à 12 pour 100.
Peut-être sera-t-on surpris qu'une ville riche
et commerçante, où le numéraire ne manque
pas, ait établi une banque. Ce seroit ne pas
connoître les effets heureux de celles qui

existent et qui donnent du mouvement aux affaires commerciales, agricoles et indus- trieuses, ou qui l'accélèrent et l'étendent, lorsqu'il est déjà imprimé à la machine so- ciale. J'avoue à ma honte que je ne connois pas l'organisation de la banque de Batavia. Occupé d'affaires de la plus grande impor- tance, et qui exigeoient tout mon tems et tous mes soins, pendant les courts séjours que j'ai faits, deux années de suite, dans cette capitale des Indes-Hollandoises, je n'ai pas pris assez d'instructions, sur ce qui pouvoit exciter ma curiosité. Tout ce que je puis dire, c'est que les billets de cette banque, étoient préférés à l'argent ; que, vû la nature des affaires dont j'étois chargé par le gouvernement de l'Isle- de-France, j'y ai touché des sommes considé- rables en billets de banque, et que je les ai placés au pair de l'argent, sans la moindre difficulté. J'ai même rapporté de l'argent, dans notre Colonie, provenant de l'échange de ces billets.

Les Anglois ont aussi établi une banque à Calcutta, en 1785 ou 1786, pour suppléer au défaut de numéraire. Ses billets perdent. Les naturels du pays n'ont pas assez de connois- sances, pour y prendre confiance.

Je ne connois que ces deux banques, dans

toutes les Indes Orientales. Nous lisons, dans l'histoire de la Chine, que le gouvernement y a créé momentanément un papier-monnoie, dans un tems de crise; mais il n'y a pas existé long-tems.

Les mêmes circonstances ont suggéré l'idée des mêmes ressources. La pénurie du numéraire a donné naissance chez nous, à la banque de Massiac, à la caisse du commerce, et à plusieurs autres qui travaillent à part et en concurrence. Je me suis exercé sur cette matière, et j'ai adressé, il y a plus d'un an, au directoire exécutif le projet d'une banque hypothécaire, qui réuniroit les opérations et les avantages de la banque de Londres, à celle d'Amsterdam et de la Silésie, qui auroit plus de solidité qu'aucune de celles qui existent, et qui seroit d'une utilité générale dans toute la république. Elle a été goûtée du ministre des finances, à qui ses bureaux en ont fait un rapport avantageux. J'ai adressé, en prairial de l'an 6, le prospectus de la banque, avec un mémoire explicatif et le rapport ministériel, à la commission des finances du Conseil des cinq cents. Je n'en ai reçu aucune nouvelle. J'aurois désiré soumettre mon plan à la critique du public, afin qu'une discussion, approfondie,

fondie, donnât naissance à quelque projet
mieux combiné; mais la position où je me
trouve ne m'a pas permis de faire la dépense
de l'impression de mes mémoires. J'insisterai, tant que je le pourrai, sur l'établissement d'une banque nationale, sagement
combinée, qui donneroit à la France, une
force, une puissance, une propriété, dont
les effets sont presqu'incalculables, et qui
la mettroit dans le cas de triompher de tous
ses ennemis. C'est par ce moyen, bien plus
que par ses forces navales, qu'elle vaincra
l'Angleterre. Que feroit cette puissance,
sans sa banque!.. C'est, n'en doutons pas,
cet établissement qui a le plus contribué,
à l'amélioration et à l'augmentation de son
agriculture, à l'état florissant où sont les arts
chez elle, à la prodigieuse extension de son
commerce, et aux grands moyens qu'elle
déploie pendant la guerre. Répétons souvent ces vérités triviales pour tout lecteur
instruit ; peut-être qu'enfin elles seront
entendues et accueillies de ceux qui gouvernent.

Je ne prétends pas insinuer, par ces réflexions, que l'on doive adopter, sans examen, un projet de banque quelconque ; je
sais qu'il en existe, que l'on prône, dont

les bases sont vicieuses, dont les calculs sont faux et dont les raisonnemens sont erronés.

LXIV.ᵉ Obs.

P. 212. « Les Chinois sont d'un caractère
« fort voluptueux ; on les accuse même du
« crime horrible de bestialité ; ils aiment sur-
« tout beaucoup les cochons , dont ils ont
« toujours un certain nombre dans leurs
« maisons , pour leur amusement ».

Non, on n'a jamais accusé les Chinois du crime de bestialité ; mais seulement de celui de sodomie, qui est plutôt une dépravation de goût qu'un crime. Ils élèvent beaucoup de cochons, parce qu'ils aiment ce mets , qui est le plus délicat et le plus succulent, qu'ils aient à Batavia et à la Chine, où l'on ne connoît pas l'art de faire des chapons, et des poulardes et de les engraisser. On sait que le cochon de la Chine est d'une espèce différente, de ceux d'Europe.

LXV.ᵉ Obs.

P. 212. « Il doit paroître singulier, qu'on
« permette ici cette abominable idolâtrie,
« tandis qu'on y défend l'exercice de la reli-
« gion catholique romaine, avec la plus
« grande rigueur». Cette sortie dénote quelle

est la religion intolérante de l'auteur. Un Indien ou un Chinois qui entreroit dans les temples des catholiques romains, et qui remarqueroit les adorations des sectaires, pour une croix, pour une statue, pour une image, pourroit croire qu'ils sont idolâtres. La véritable idolâtrie n'existe guères que pour les imbéciles.

Si les Hollandois défendoient aux Chinois d'exercer à Batavia leur culte religieux, cette ville se dépeupleroit, et perdroit promptement son commerce, sa culture, ses richesses ; elle déchoieroit de sa splendeur.

C'est la faute qu'a faite le gouvernement espagnol à Manille. Les Chinois qui l'habitent y cultivent tous les arts. La Cour de Madrid, après la paix de 1763, ordonna de chasser de l'île Luçon, tous les Chinois qui ne seroient pas chrétiens. Il en partit un grand nombre ; quelques-uns se firent baptiser, uniquement pour avoir le droit de rester dans l'île, et le Gouverneur eut la sagesse de ne pas mettre beaucoup de rigueur dans l'exécution de cet ordre, sans quoi Manille eût été dépeuplée. Depuis cette époque, la compagnie des Philippines y exerce un privilége exclusif. Elle reçoit les denrées du pays à un prix très-vil, qu'elle

fixe elle-même. Les marchandises des Indes
qu'elle importe en Amérique, sont exemptes
de droits, tandis que celles importées par
le galion, qui est chargé pour le compte des
habitans de Manille, en paient d'énormes.
Ils ne peuvent donc pas soutenir la concurrence du privilége : aussi, a-t-on vu revenir,
successivement, trois galions à vuide, qui
avoient été obligés de laisser à Acapulco,
leurs marchandises invendues.

La liberté religieuse et commerciale peuvent seules tirer cette colonie de l'état de
misère où elle est réduite. Si la Cour d'Espagne n'adopte pas ces principes, je l'engage
à céder les Philippines à la France. Dans
l'état où elles se trouvent, elles lui sont à
charge ; elle a même eu le dessein de les
abandonner ; elle ne s'est déterminée à les
conserver que sur les représentations des
moines, dans la vue de propager la foi. La
République sauroit tirer parti d'un pays fertile, peuplé, et situé on ne peut pas plus
avantageusement pour le commerce.

L X V I.ᵉ O B s.

P. 213. Les environs de Batavia sont superbes, par la quantité de belles maisons et
de superbes jardins qui y sont établis, et qui

appartiennent aux Européons. Il est fâcheux que l'air n'y soit pas salubre.

Les huitres qu'on y mange, sont assez grosses , mais médiocres au goût, et ne sont pas fort saines.

LXVII.ᵉ Obs.

P. 214. L'auteur a raison de vanter la beauté des maisons de plaisance de Batavia , sur la route de Jacatra. Je ne crois pas qu'aucune autre partie du monde offre rien de si agréable, dans ce genre. Les arbres qui bordent la grande route , sont très-beaux ; on les nomme *canaris*, dans le pays. Ce sont les mêmes que les bois de colophane, indigènes à l'Isle-de-France ; on les taille en muraille, quelque grands qu'ils soient.

LXVIII.ᵉ Obs.

P. 215. *Un moulin-à-poudre , placé à un demi-quart de lieue de Batavia* est beaucoup trop près de la ville. Quand même, ce qui n'est pas , on y connoîtroit les procédés qui préviennent les sauts spontannées de moulins-à-poudre , on auroit dû placer cet établissement beaucoup plus loin. On doit craindre une explosion , causée par une imprudence , ou par le feu du ciel.

LXIX.ᵉ Obs.

P. 216, 217 et 218. L'auteur dit que le conseil suprême des Indes est composé du général, d'un directeur-général et de cinq conseillers ordinaires, parmi lesquels est compris le gouverneur du Cap, ce qui réduit le nombre à six. J'ai eu l'honneur, deux fois, de présenter une requête à ce conseil suprême, qu'on appelle la haute-régence, et d'y être admis. Je fus traité avec égard, comme étranger, et comme un homme qui parloit au nom de la nation françoise. Le conseil étoit composé de huit personnes, non compris les deux secrétaires, qui étoient debout derrière le général. Ce fut à lui-même que je remis ma requête.

L'étiquette observée à Batavia, envers le gouverneur-général, n'est pas suivie par les étrangers; mais l'auteur a oublié de dire qu'on le traite d'Excellence, et qu'il a rang d'officier général.

LXX. Obs.

P. 224. Le commerce de l'opium, que la compagnie seule peut importer à Batavia, excepté celui qu'y portent les Anglois en fraude, est livré à une société exclusive, qui

paie la caisse 500 rixdalers., et qui la vend
900 rixdalers. Je ne vois pas la raison qui a
fait accorder ce privilège à une société. Il en
résulte qu'elle est favorisée, soit aux dépens
de la compagnie, qui pourroit en retirer le
même prix, soit aux dépens du public, qui
acheteroit l'opium à meilleur marché, si la
compagnie se bornoit à le vendre en détail,
sur le pied de 5 ou 600 rixdalers la caisse.

L X X I° O B s.

P. 232. Dans l'énumération que donne
l'auteur des monnoies qui ont cours à Batavia, il n'a cité que le *copan d'or du Japon*.
J'y ai vu cependant des ducats et des pagodes
d'or. Il ne dit pas que l'argent monnoyé a,
dans ce pays, une valeur supérieure à celle
de Hollande, et que les lettres-de-change,
fournies par la caisse de la compagnie, sur
Amsterdam, soit pour de l'argent, soit pour
des marchandises, sont évaluées sur ce taux,
qui est exagéré de 25 pour cent. On donne,
pour motif de ce surhaussement, le désir
d'empêcher le numéraire de sortir de Batavia,
et d'y attirer celui du dehors. Toutes les lettres-de-change sur l'Europe, fournies par
l'administration, sont de 6 pour 100 au-dessous des remises. Malgré cet escompte, il y

a du bénéfice pour le porteur. Supposons
qu'une monnoie vaille 3 francs 20 centimes
en Hollande, elle est reçue pour 4 francs à
Batavia, sur lesquels, en déduisant 6 pour
100, restent 75 s quatre cinquièmes, qui font
18 pour 100 et sept seizièmes de bénéfice,
pour le porteur de la lettre-de-change.

Je ne crois pas que la compagnie de Hollande gagne à cette fixation de la valeur
nominale de la monnoie. Il est bien vrai que
toutes les dépenses qu'elle fait à Batavia, sont
moindres d'un cinquième, puisqu'elle y
donne, pour 4 francs, la pièce qui ne vaut
en Hollande, que 3 francs 4 vingtièmes;
mais il faut considérer que toutes les marchandises, et les denrées qu'elle y achète,
s'élèvent dans la même proportion; ainsi, le
bénéfice de la compagnie, sous ce rapport,
est purement idéal; mais, lorsqu'elle paie à
Amsterdam les lettres-de-change, tirées sur
elle, par l'administration de Batavia, elle
donne plus qu'elle n'a reçu, et, sous ce rapport, la perte est réelle.

L'ancienne compagnie des Indes de France
avoit fixé la piastre-gourde aux Isles-de-France
et de-Bourbon, à 3 livres 12 sols, dans la vue
d'empêcher le numéraire de sortir de ces îles.
Elle prenoit la voie opposée à celle de la

compagnie de Hollande, quoiqu'elle eût les mêmes vues. Elle ne perdoit pas, parce qu'elle recevoit les piastres à sa caisse sur le même taux; mais elle ne réussissoit pas mieux à retenir le numéraire dans ces îles. Il étoit toujours transporté à Madagascar et à Mozambique, pour des Esclaves, et dans les Indes, pour des marchandises ou des denrées, dont ces colonies avoient besoin. On ne voyoit pas que la monnoie est le signe des choses; mais qu'elle n'en tient lieu, que lorsqu'on l'échange contre les choses.

L X X I I.ᵉ Obs.

P. 234. « Le rixdaler (nous prononçons » rixdale), qui sert à faire les comptes dans » le commerce ordinaire, est une monnoie » réelle, qu'on estime à 48 *sols* ». L'auteur se trompe. Il n'y a point de monnoie qui porte le nom de rixdale; c'est une monnoie de compte comme nos *francs*.

L X X I I I.ᵉ Obs.

P. 241 et 242. L'auteur cite des exemples de cruauté exercées par les maîtres et les maîtresses envers leurs esclaves. Il semble même, suivant ce qu'il en dit, que le sexe le plus foible, dont la première vertu devroit

être la douceur, est porté à plus de cruauté
que le sexe fort. Si la république batave
n'adopte pas le principe de la liberté des
Esclaves, au moins elle s'empressera de faire
des lois qui adoucissent leur sort, et qui les
soustraient aux châtimens affreux qu'on leur
inflige quelquefois, et qui leur coûtent la vie.

L X X I V.° O b s.

P. 248 et suivantes. La compagnie hollandoise a concentré les arbres à épiceries,
dans les îles d'Amboïne, Banda et Céram.
Ces précieuses productions méritoient bien
qu'elle mît ces îles importantes en état de
défense. Elles sont devenues la proie des
Anglois, avec une facilité qui doit surprendre.
Au reste, le commerce des épiceries ne doit
pas rester long-tems exclusif. Soit que ces
trois îles retournent à leur ancien maître,
soit qu'elles fassent partie des possessions de
la Grande-Bretagne, ces deux nations partageront ce commerce avec la France, qui a
transplanté des Canelliers, des girofliers et
des muscadiers dans ses colonies des Isles-
de-France, de-la-Réunion et de la Guyanne-
Françoise, où ces arbres réussissent beaucoup mieux que dans ces îles africaines. Les
Anglois les ont transplantés à Baucoul, dans

l'île de Sumatra, et les Hollandois, à Java qui leur est resté. Ainsi, la compagnie de Hollande ne doit plus compter sur les profits immenses qu'elle retiroit du commerce des épiceries fines. Elle doit chercher des dédommagemens dans une bonne administration à Java, qui réforme les abus immenses et invétérés qui s'y commettent à son détriment ; qui augmente la culture ; qui appelle et favorise la population ; qui étende le commerce, et qui encourage l'industrie. La première chose dont elle doit s'occuper essentiellement, c'est d'employer tous les moyens possibles de purifier l'air meurtrier de Batavia. Il est le plus grand obstacle aux progrès de cette importante colonie, que sa situation et la fertilité de son sol éleveroient promptement à un haut degré de prospérité, si l'air en étoit sain.

LXXV.ᵉ OBS.

P. 251. *Malacca*, que nous nommons Malac « est une place de grande importance, « parce qu'elle commande au détroit de ce « nom, vers les parties Orientales de l'Asie. « Tous les vaisseaux qui se rendent à la « Chine, au Tonkin, à Siam, aux Isles Mo- « luques, et à celles de la Sonde, devant

« passér devant Malacca, ou par le détroit
« de la Sonde ; ce que la compagnie peut
« en cas de besoin, empêcher par ses pos-
« sessions ». Ceci n'est pas exact. Les vaisseaux qui vont à la Chine, au Tonkin, à
Siam, aux Moluques, peuvent passer par
les détroits de Bailly et de Lombok, à l'Est
de Java, ce qui est arrivé à plusieurs vaisseaux françois. Mais par quels moyens la
compagnie pourroit-elle empêcher les nations européennes de passer par les détroits
de Malac et de la Sonde ? C'est en y entretenant des forces supérieures en station; mais
une compagnie qui n'a su défendre aucune
de ses possessions ; car elles ont été toutes
envahies, à l'exception de celles de Java
qui n'ont pas été attaquées, est-elle en état
d'empêcher le passage des détroits ?

Je crois qu'en effet Malac pourroit deve-
nir *une place de grande importance*, non
dans la vue que présente l'auteur ; mais
comme une colonie agricole et commerçante.
Malac a été autrefois le siège d'un très-grand
commerce. Il étoit le marché le plus considérable de l'Inde, lorsque les Portugais s'en
emparèrent, en 1511. Les sommes Chinoises et Cochinchinoises, les bâtimens du Japon, les bateaux des *Bouguis*, qui appor-

toient des épiceries, avant que les Hollandois fussent maîtres des Isles Moluques, les vaisseaux de l'Inde et du Bengale, ceux de la côte Malabarre, les Arabes partis de la mer rouge, se réunissoient à Malac dans le quinzième siècle. Le commerce a pris une autre route, depuis que les nations européennes ont formé des établissemens dans différentes contrées des Indes, et qu'elles ont été à la Chine. Cependant il seroit possible de rendre quelque activité au commerce de ce pays. Le sol en est fertile; on en retiroit autrefois de l'or; il a des mines d'étain qui sont mal exploitées. Il pourroit fournir du riz, de l'Aréque, et d'autres productions à la Chine. Son port peut servir d'entrepôt au commerce du Bengale et de la Chine. Il est voisin d'Achem, du Pégou et de la partie Occidentale de Sumatra. La compagnie hollandoise n'a pas su tirer parti des avantages de cette position. Elle a défendu dans ses établissemens, le commerce d'Inde en Inde, croyant qu'il seroit contraire à ses intérêts. Les Anglois plus politiques, l'ont permis, encouragé, et même favorisé, et il a fait chez eux des progrès étonnans.

J'ai déjà dit que l'île de Pulo-Pinan, autrement nommée l'île du Prince de Galle, située

à l'entrée du détroit de Malac, avoit réduit
à l'inaction la colonie hollandoise de Malac,
parce que la liberté du commerce et de la
culture existe dans la première et non dans
la seconde. A Pulo-Pinan, les marchandises
ne paient aucun droit, et n'y ont aucune
fixation : la concurrence seule en détermine
le prix. A Malac elles paient des droits, et
le prix en est fixé à un taux très-bas : beaucoup de marchandises y sont même pro-
hibées.

Il faut donc que la compagnie hollandoise
change de système, comme je l'ai dit déjà
plusieurs fois. Les anciens traités qui ont
réglé les prix auxquels les Malais doivent lui
fournir le poivre, le calin, et les autres productions du pays, ne peuvent plus subsister;
sans quoi toutes ces denrées prendront toujours la route de Pulo-Pinan. Si elle continue
à traiter les Bouguis en contrebandiers, ils
porteront le girofle et la muscade chez les
Anglois, et Malac deviendra un établissement nul. Le commerce abandonne les
pays où il est vexé, même ceux où il est
géné, et recherche ceux où il est libre.

Le gouvernement de la république batave,
s'occupera à la paix, de la restauration du
commerce des Indes, soit qu'il confirme la

privilège exclusif de la compagnie, soit qu'il le livre à la liberté ; mais, dans le premier cas, il corrigera les vices de l'administra-tion de la compagnie, il établira les prin-cipes sur lesquels ses colonies doivent être régies, il leur accordera la liberté du com-merce d'Inde en Inde. Ce n'est que par une combinaison de mesures sages et politiques, qu'il parviendra à rendre à la compagnie Orientale la splendeur et la fortune dont elle a joui autrefois ; les circonstances l'obli-gent de changer entièrement son systéme de conduite, d'autant plus qu'il ne s'accorde point avec les principes de liberté admis en Hollande, et consacrés par la constitution de la république et par le vœu du peuple.

L X X V I.° O b s.

P. 253. « La canelle est la principale, et, » pour-ainsi-dire, la seule production de l'île » de Ceylan (a). Cependant, la compagnie

_____

(a) La meilleure canelle est, sans contredit, celle de la Cochinchine ; elle est en lanières épaisses, et n'est pas, comme les autres, dépouillée des premières écorces. Les boutons des fleurs du canelier cochinchinois, avant qu'elles soient épanouies, sont cueillis et desséchés. Ils ont un goût exquis ; aussi les Chinois en font-ils grand cas : les boutons des fleurs des autres caneliers n'ont presque pas

» retire chaque année au moins 100,000 rix-
» dalers de la pêche des perles. » L'île de
Ceylan produit aussi beaucoup de riz et d'a-
réque. On en retire du bois, des éléphans,
du sel, etc. Le poivrier, le caféyer, le cotonnier, le cacaoyer, la cane-à-sucre, l'anil
y sont naturels, et sont négligés. La pêche
des perles ne se fait que tous les trois ans.

---

de parfum, et sont médiocres au goût. La canelle de
Ceylan est celle qui est répandue en Europe; elle tient
le second rang.

La canelle de Chine, qui est celle des Moluques, tient
le troisième rang; ensuite est celle de la côte Malabarre.
On n'apporte pas de celle-ci en Europe; mais celle de
Chine y est quelquefois assez commune. Je ne parle pas
de la canelle blanche, qui est une production de la
Jamaïque : l'arbre d'où on la tire n'est pas du genre des
caneliers.

Il y a long-tems qu'on a transplanté aux Isles-de-
France et de-la-Réunion, le canelier de Ceylan, qui y
vient très-bien. Son écorce avoit le défaut de perdre, avec
le tems, son goût et son parfum. Je suis parvenu, après
quelquec essais, à trouver nn procédé qui conserve l'un
et l'autre : je l'ai publié dans la Colonie en 1784, par
la voie de l'impression. J'ai encore des échantillons de
celle du crú de la Colonie, préparés, les uns, en 1776,
d'autres, en 1777, et quelques-uns, en 1778, qui n'ont
rien perdu de leurs qualités. On trouvera, à la fin de
ce volume, en quoi consiste leur préparation.

Les

Les Hollandois ne paroissent pas s'être occupés du soin d'encourager l'agriculture,
dans leurs possessions des Indes Orientales,
ni d'augmenter la population de leurs colonies. Les événemens de la guerre actuelle
les forceront d'adopter un système agricole,
plus conforme à leurs intérêts, qui étendra
leur commerce et leurs profits, qui augmentera leurs forces, et qui leur donnera les
moyens de résister à leur ennemi naturel ;
mais qu'ils sachent, que le moyen le plus sûr
d'étendre l'agriculture dans les colonies,
c'est de leur accorder la liberté du commerce, sauf les restrictions que l'intérêt national et les circonstances locales peuvent
exiger.

LXXVII.º OBS.

P. 256. « Autrefois la compagnie hollan-
» doise des Indes, faisoit le commerce de la
» Cochinchine, du Tonquin, de Siam, du
» Pégou, d'Arakan, de Perse et de Moka ;
» mais elle ne s'en occupe plus aujourd'hui.
» Il y a même quelques-uns des endroits, où
» elle entretient des factoreries, qui lui coû-
» tent plus qu'ils ne lui rapportent. »

La compagnie a défendu dans ses établissemens, le commerce d'Inde en Inde. Puisqu'elle n'entretient plus de liaisons avec la

Cochinchine, le Tonquin, Siam, le Pégou
et autres lieux, pourquoi ne permet-elle pas
aux particuliers d'y commercer? Elle gagneroit d'abord les droits de douane; 2.º une
plus grande consommation des marchandises
d'Europe, qu'elle auroit seule le droit de
transporter dans les Indes; 3.º un bénéfice
sur les marchandises de ces contrées, que le
commerce particulier lui fourniroit, et qu'elle
importeroit en Europe; 4.º elle gagneroit, et
c'est le plus important, d'assurer, par ce
moyen, la prospérité de ses colonies; d'augmenter leur population, leur commerce et
leur culture; 5.º elle accroîtroit son commerce, par l'importation en Europe des
denrées coloniales.

LXXVIII.º OBS.

P. 258. « Si l'on mettoit le commerce du
» Bengale, de Surate et de la côte de Coro-
» mandel sur le même pied que celui de la
» Chine et du Japon, les bénéfices qu'il
» y a encore à faire, resteroient les mêmes,
» et les frais seroient infiniment moindres ».

P. 259. « Il me paroît absolument inutile
» que la compagnie se livre à des dépenses
» qui ne peuvent en rien contribuer à son
» avantage dans les endroits dont je viens

» de parler ». L'auteur n'a pas réfléchi que les Indiens et les Bengalis exigent des avances, pour fabriquer des toiles, et que si les vaisseaux de la compagnie hollandoise étoient obligés d'acheter ces marchandises, et le salpêtre et l'opium de la deuxième main, elle les paieroit plus cher, n'auroit que le rebut des autres nations, et seroit exposée à en manquer souvent; d'où il arriveroit, ou que le départ de ses vaisseaux seroit retardé, ou qu'ils partiroient à moitié chargés. Au Japon elle n'a point de concurrens, puisque seule, d'entre les nations Européennes, elle y est admise. A la Chine, elle trouve des négocians du pays qui font des magasins et qui fournissent également tous les Européens, sans exiger d'eux des avances. S'ils avoient la permission de s'y établir, d'entretenir dans l'intérieur des liaisons commerciales, ils auroient les denrées du pays à meilleur compte; et les Hollandois, pour soutenir leur concurrence, seroient obligés de faire comme eux.

LXXIX.ᵉ OBS.

P. 259 et 260. L'anecdote que cite l'auteur, d'une négociation entamée par le gouvernement de Madras, avec l'empereur de Candie, dans l'île de Ceylan, pendant que les

Hollandois étoient en guerre avec ce prince, dans la vue *de faire cause commune avec lui*, *afin de chasser les Hollandois de ses états*, n'a rien qui doive surprendre de la part des Anglois. Elle prouve que les véritables ennemis des Hollandois, ou plutôt de tous les peuples qui font le commerce, ou qui ont des possessions avantageuses et importantes, ce sont les Anglois. Sans doute la république batave prendra des mesures efficaces, pour s'opposer aux vues ambitieuses de ses ennemis.

L X X X.ᵉ O B S.

P. 263 et 264. L'auteur voudroit que la compagnie supprimât les primes qu'elle accorde aux états-majors et aux équipages de ses vaisseaux. Il en fait monter le total, pour vingt-neuf années, à 18,153,000 florins.

Si la compagnie supprimoit ces primes, il faudroit qu'elle augmentât les appointemens des marins, et l'économie proposée se réduiroit à peu de chose. On doit faire attention que cette somme de 18,153,000 de florins, pour les vingt-neuf ans, est partagée entre 87,000 individus ; qu'il est bien juste que ceux qui exposent leurs vies, pour le service de la compagnie, qui affoiblissent leurs santés, pour lui procurer des profits, et qui se livrent à toutes sorte de privations et de fatigues, pour augmenter les jouissances des actionnaires, aient quelque part aux bénéfices. On répondra peut-être, que les bénéfices de la compagnie sont illusoires et que ses pertes sont réelles. La faute appartient, non à ceux qui se sacrifient pour elle, mais à ceux qui dirigent mal les affaires de la compagnie. Ainsi la réforme à proposer doit avoir pour but un changement d'administration. Si l'on ne remonte pas à la source du mal, on ne fera que le pallier.

L X X X I.ᵉ O ʙ s.

P. 265. S'il est possible de rendre Batavia moins mal-sain, ce seroit en accélérant le cours des rivières et des canaux, en curant la rade, en défendant rigoureusement aux habitans de jetter, dans les canaux, les cadavres des bêtes qui meurent, et toute sorte d'immondices, en desséchant les marais des environs etc. etc.

L X X X I I.ᵉ O ʙ s.

P. 266. Le despotisme du gouverneur-général de Batavia, dont l'auteur s'est plaint avec raison, et qui pèse sur les Européens et

sur les naturels du pays, ne peut plus s'a-
dapter à la constitution démocratique de la
république. Le régime de la compagnie, et
son système colonial doivent être entièrement
changés, si elle veut réparer ses pertes, et
donner une nouvelle vie à ses colonies, dans
les Indes Orientales.

LXXXIII.° O B s.

P. 278 et suivante. L'auteur rend compte
de plusieurs observations météréologiques,
faites au Bengale. Elles sont sans doute curieuses et intéressantes. Il seroit à désirer que
de semblables observations fussent faites dans
toutes les contrées parcourues par les Européens, avec des thermomètres plus exacts que
les nôtres, et comparables entr'eux.

LXXXIV.° O B s.

P. 282. « L'espèce de bourre qui entoure
» la coque du coco, et qu'on appelle ici *cayer*,
» (on la nomme caïre, en françois) est portée
» par grandes quantités, de Ceylan et de
» Malabarre, à Batavia, où l'on s'en sert, au
» lieu de chanvre, pour faire des cordes. On
» en file même des cables, qui ont jusqu'à
» vingt pouces et plus d'épaisseur, et qu'on
» trouve aussi bons, et quelquefois meilleurs

» que ceux qu'on fait de chanvre en Europe. »
Les cables de caire sont meilleurs que ceux
de chanvre, parce que les premiers sont élas-
tiques ; mais pour les œuvres mortes, les
cordages de chanvre sont préférables. Il me
semble que, dans l'Inde, on emploie la bourre
du coco brute. Si on lui donnoit une préparation, par le rouissement, peut-être obtien-
droit-on un fil plus moëlleux et plus fin ;
c'est un essai à faire ; dont je crois, on ne s'est
pas encore avisé.

Il seroit possible de transporter des cocos
germés, à la Guyanne : ce seroit un service
important à rendre à cette colonie.

L X X X V.ᵉ Obs.

P. 283. L'auteur dit qu'*on tire* du palmier,
*par incision, une liqueur douce et agréable,
d'une vertu ennivrante.* Le vin de palmier
ou de cocotier est peu spiritueux, et n'est pas
ennivrant ; mais ce même vin étant distillé,
donne une eau-de-vie qui porte dans l'Inde
le nom d'araque. Le suc de ces arbres, mis
sur le feu à évaporer, fournit un sucre assez
grossier, dont les Indiens font usage. Ce n'est
pas par incision que l'on retire ce suc sucré :
on coupe l'extrémité de la tige qui porte les
fleurs ; on y attache un pot de terre, dans

lequel découle la sève. Lorsqu'elle commence
à tarir, on fait une nouvelle coupure à la
tige, pour la rafraîchir.

LXXXVI.ᵉ Obs.

P, 287. « Les eaux du Gange sont constam-
» ment épaisses et troubles : aussi ne sont-
» elles potables, qu'après avoir reposé quel-
» que tems. Pour les rendre promptement
» limpides, on se sert de certaines petites
» fèves qui croissent dans ce pays, on en écra-
» se une avec un peu d'eau, sur une pierre,
» après quoi on la jette, ainsi moulue, dans
» un tonneau d'eau, laquelle, par ce moyen,
» se clarifie en moins de six heures. » Ce récit
n'est pas exact. Les graines, dont parle l'auteur, sont celles qu'on nomme titan-cotés,
à la côte de Coromandel. On les dissout, en
les frottant, avec un peu d'eau, sur un mor-
ceau de terre cuite, neuve, et non vernissée.
Une seule graine suffit pour clarifier un tonneau d'eau. Ces graines sont le produit d'un
arbre qui croît naturellement dans tout l'Indoustan. Les Chinois, qui n'en ont point
chez eux, clarifient les eaux de leurs rivières
qui sont aussi bourbeuses, en y faisant dis-
soudre un peu d'alun; mais ce sel a la propriété d'être astringent; cependant, ils n'en
ressentent aucune incommodité, soit que ces

eaux aient la vertu d'annuller cette propriété de l'alun, soient que leurs alimens aient celle d'être relâchans.

LXXXVII.° OBS.

P. 288. La vénération qu'ont les Gentoux pour le Gange, le préjugé qu'ils ont, qu'en se baignant dans les eaux de ce fleuve, ils se purifient de leurs péchés, préjugé qui a beaucoup de conformité avec notre baptême, et qui part vraisemblablement de la même source, les pélérinages que font, tous les ans, *des troupes innombrables de personnes des deux sexes, pour remplir le pieux devoir de se baigner dans le Gange*, l'attention qu'elles ont d'emporter des vases remplis de cette eau sacrée, pour *donner à leurs parens ou amis, que l'âge ou quelqu'infirmité empêchoit de quitter leur demeure*, ont eu, sans doute, dans le principe, un motif d'utilité qui nous échappe, et que la religion a consacré.

LXXXVIII.° OBS.

P. 296. Les coquilles dont il est question, sont les *cauris*, qu'on nomme aussi vulgairement *pucelage*, dont on porte des cargaisons des îles Maldives et de l'île d'Anjouan, dans le Bengale, où ces coquilles servent aussi de monnoie.

LXXXIX.ᵉ Obs.

P. 297 et 298. La religion des Bengalis est la même que celle des Indiens de la côte de Coromandel. Ce que l'auteur dit de leur croyance est un pur manichéisme. Il se peut que le peuple regarde les trois attributs de la divinité, honorée sous trois figures différentes, et emblématiques, créatrice, conservatrice, destructrice, comme trois êtres différens ; mais les Brames croient à l'unité d'un Etre-Suprême. Ce n'est pas ici le lieu d'entrer dans les détails de la religion des Indiens, si ancienne et si vénérée. Je remarquerai qu'on ne voit dans le bas du Gange, ni même dans le haut, aucun monument semblable à ces pagodes fameuses de l'Orixa et du Coromandel, dont nous avons parlé plus haut ; ce qui sembleroit prouver que, dans des tems reculés, le siège du gouvernement théocratique de ces pays étoit dans l'Orixa, ou dans le Coromandel, et non dans le Bengale, ou que ce dernier pays étoit pauvre et peu peuplé.

Il paroît que l'auteur n'a aucune connoissance du *Schasta* ou *Scharter*, ni des autres livres sacrés des Indiens. La vénération qu'ils ont pour le Gange est une suite de leurs opi-

nions religieuses. » Ils disent que ce monde
» aura une fin, et qu'alors le bon esprit,
» après avoir tout détruit, demeurera seul
» avec le Gange, sur lequel il nagera, assis
» sur une feuille de pisang, avec deux arbres
» de bétel près de lui, pour jouir ainsi, de
» siècle en siècle, d'une douce et impertur-
» bable quiétude ». On ne doit pas prendre
les choses à la lettre; mais en chercher le
sens. Il me semble que ce passage signifie
que notre monde aura une fin, et que l'Etre-
Suprême goûtera un repos inaltérable, avec
les esprits qui auront été dignes de sa mi-
séricorde. Tout paroît emblématique dans
la religion des Indiens. Elle cache souvent
des vérités historiques, sous un voile que
très-peu de Brames savent lever. A cette
occasion, je rapporterai ici un passage d'un
ouvrage polémique que j'ai fait imprimer à
l'Isle-de-France, en 1784, et qui n'est pas
répandu en France.

« Quel intérêt peut-on prendre à un
» merveilleux absurde, dégoûtant, sans liai-
» son, sans vraisemblance hypothétique,
» lorsqu'on n'a pas le mot de l'énigme.
» M. S. croit avoir trouvé quelquefois l'ex-
» plication de ce qu'il appelle des fables
» absurdes. Par exemple, à l'occasion de

LXXXIX.· Obs.

TEXTE.

» mais elles se trouvèrent
» mouillées d'une sueur
» qu'elle voulut secouer;
» et de chaque doigt, il
» sortit une rivière du
» Gange, plus considé-
» rable que la mer. Ces
» dix rivières augmen-
» tèrent au point qu'elles
» firent craindre une inon-
» dation générale.

» Vichenou, Brouma et
» les Déverkels invoquent
» Chiven.

» Chiven leur apprit
» comment elles s'étoient
» formées, et ordonna
» qu'elles reparussent
» devant lui, réduites
» en petite quantité ;
» puis il les prit et les
» mit sur sa tête ».

EXPLICATION.

» velure n'offusquèrent plus le soleil.
» La sueur de ses mains qu'elle se-
» coua sur la terre, et qui forma
» une rivière plus considérable que
» la mer (expression hyperbolique),
» n'est qu'une partie de cette che-
» velure même, c'est-à-dire, des
» eaux détachées de la comète, qui,
» par un effet de l'attraction du
» globe, tombèrent sur la terre.
» Aussi, l'invocation faite à Chiven,
» dit - elle : Seigneur, nous ne
» savons quelles eaux se répan-
» dent sur la terre ; mais elles ne
» proviennent pas des mers.

» Ces dix rivières ont, sans doute,
» un sens figuré, qui pourroit être
» applicable à une période de
» tems ; le nombre dix a peut-être,
» chez les Indiens, un sens mystique.

» Je suppose qu'il y a ici une
» réticence, et que c'est le secret
» des initiés. L'ordre de Chiven,
» aux eaux, de reparoître devant
» lui en petite quantité, et l'action
» de les mettre sur sa tête, pour-
» roient s'expliquer par l'éloigne-
» ment de la comète ; d'où il résulte
» que les eaux qu'elle traîne après
» elle, paroissent réduites en petite
» quantité, et que ces eaux et la
» comète elle-même paroissent au-
» dessus du soleil».

« Le reste de l'histoire n'est peut-être qu'un

» mensonge sacré. On ne doit pas être surpris
» qu'une fable mystique se mêle à une allé-
» gorie historique.

» Si cette explication étoit juste, ce récit
» ne seroit ni une fable, ni une absurdité;
» il seroit un monument historique bien
» précieux ». — On m'a rapporté que la
société asiatique de Calcutta, dont les savantes
recherches, sur les antiquités indiennes, sont
aussi curieuses qu'intéressantes, avoit jugé
que cette explication étoit vraisemblable.

X C.ᵉ Obs.

P. 301. Si l'auteur avoit su que le *lingam*
n'est que l'emblême de la création, il ne se
seroit pas écrié que le *culte que les Indiens*
lui rendent, est, sans contredit, le plus abo-
minable qu'on puisse trouver parmi aucune
secte d'idolâtres. L'ignorance d'une part,
les préjugés de l'autre, la précipitation dans
nos jugemens, nous font tomber dans les
erreurs les plus grandes.

Le *lingam* est un cylindre de pierres posé
verticalement sur sa base, et arrondi à son
extrémité supérieure. Il n'a guères que deux
pieds, à deux pieds et demi de hauteur, sur
un pied environ de diamètre; il ressemble
exactement à une borne.

P. 305. L'auteur raconte quelques-uns des
dévouemens des dévots indiens, lors de la
fête de Mariatale. Les uns se font suspendre
en l'air par un croc de fer enfoncé au défaut
des côtes ; *d'autres se passent au travers de
la langue des chevilles de fer, qui* ont quelquefois jusqu'à un doigt d'épaisseur ; *d'autres se font des trous de chaque côté du
corps, au-dessus des reins, par lesquels ils
passent une corde qu'on tend fortement,
et le long de laquelle ils courent en
avant et en arrière. D'autres se font écra-
ser sous les larges roues d'une haute voiture remplie de monde...* Il y en a qui mar-
chent pieds nuds sur des brasiers ardens...
*Ils s'infligent encore d'autres tortures pen-
dant cette fête, dont celles que je viens de
citer sont néanmoins les principales et les
plus remarquables.*

C'est une chose bien singulière, que les
hommes aient cru dans tous les pays honorer
la Divinité, en se déchirant, en se brûlant,
en *s'infligeant des tortures*, même en sa-
crifiant leurs vies. Quel étrange effet de la
superstition ! Quelle absurdité !... L'un des
résultats les plus heureux de notre révolution sera d'avoir guéri l'homme de la manie

de

de se tourmenter, pour des impostures, pour des extravagances.

Notre auteur ne dit pas que les dévots qui se sacrifient ainsi, ont pris un breuvage qui les rend insensibles, et dans lequel il entre vraisemblablement de l'opium. Il n'ajoute pas que les Indiens ont le secret de la composition d'un vulnéraire admirable, qui est une liqueur extraite de quelques plantes du pays par expression, un jus d'herbes, qui guérit leurs plaies en trois ou quatre jours. L'insensibilité qui les affecte, et la promptitude de la guérison leur font croire que la Divinité a part à l'une et à l'autre, et qu'elle récompense leur foi : et l'on pense bien que leurs prêtres les entretiennent dans cette idée.

Il seroit bien intéressant de connoître les plantes qui composent un vulnéraire aussi efficace.

XCII. Obs.

P. 321. Ce que l'auteur dit des faquirs, ces pénitens indiens qui sont en si grande vénération dans le pays, et qu'il représente comme des voleurs de grands chemins, est contraire aux notions qu'on en a. Ils n'ont pas d'ailleurs assez d'énergie dans le caractère, pour ranssommer ceux qu'ils rencontrent dans les bois

ou d'autres lieux écartés..... qui portent
quelque chose qui leur fait envie. Les pénitens ont renoncé à tout, ne possèdent rien,
et n'ont besoin de rien. Ils vivent, comme dit
l'auteur, *des aumônes qu'ils reçoivent des
personnes superstitieuses.*

Les Européens ont confondu, sous le nom
de *faquirs*, les pénitens indiens, qui se livrent volontairement à des privations très-
sévères, à des mortifications très-austères, à
des macérations très-rigoureuses, par esprit
de dévotion, avec les moines mahométans.

Quoique les premiers paroissent avoir renoncé à tout ce qui est terrestre, cependant
on prétend qu'ils ne dédaignent pas de faire
le commerce, dans leurs fréquens pélérinages.
Ils se chargent, dit on, de marchandises de
prix, d'un petit volume. Dans l'Indoustan,
les faquirs Mahométans sont beaucoup moins
nombreux, et ne se livrent pas à des péni-
tences aussi rigoureuses que les Indiens. Plusieurs Princes Mogols se sont faits faquirs
par politique, plutôt que par fanatisme. Le
fameux Aureng-Zeb, qui a regné long-tems
sur l'empire Mogol, avoit caché son ambition et sa cruauté, sous le masque d'un fa-
quir, pour tromper ses frères.

P. 316. » Si pendant cet exercice, quelque
» spectateur se sent porté à jouir d'un plaisir
» plus vif, avec quelqu'une d'entre les dan-
» seuses, il peut satisfaire son caprice à un
» prix modique, sans que cela cause le moin-
» dre scandale, tandis que les autres conti-
» nuent leurs prouesses ». Je ne pardonne
pas à l'auteur l'indécence de ce récit, lui
qui montre tant de réserve, dans d'autres
passages. J'ajoute que cette assertion n'est
point exacte, et qu'elle donne à entendre ce
qui n'existe pas. Qu'un particulier qui aura
fait venir des bayadères dans sa maison, en
payant, profite de la complaisance de ces
femmes vénales, cela peut arriver; mais là,
il n'y a point de spectateurs.

On sait que les danseuses, dans tout l'Indoustan, sont consacrées aux pagodes. Les
brames qui les desservent, car tous les brames, qui forment la première caste, et par
conséquent la noblesse du pays, ne sont pas
attachés au service du culte, envoient ces
filles (qui ne peuvent pas se marier, vu les
préjugés religieux et moraux du pays, vu
sur-tout la vie qu'elles mènent) chez les personnes qui les demandent en payant. Ces

bayadères qui sont proprement vêtues, jeunes, jolies, bien faites, dansent seules, ou plusieurs ensemble, mais jamais avec des hommes Il est à remarquer que ni les femmes du pays, ni même les hommes ne dansent jamais. L'art de la danse est concentré dans les pagodes. Il s'en faut bien qu'il y soit parvenu au point de perfection où il est en Europe.

X C I V.ᵉ O b s.

P. 318 et suivantes. Rien n'est plus intéressant, plus détaillé et plus exact que le récit de l'auteur, à l'occasion de ces malheureuses victimes qui se brûlent sur le même bûcher, que le cadavre de leurs maris. Etrange effet de la superstition ! Un sexe foible se dévoue à la mort, une mort cruelle, avec une résignation et une tranquillité surprenantes !.... L'auteur ne dit pas qu'on a soin de donner aux femmes des breuvages, dans lesquels il entre vraisemblablement de l'opium, pour les étourdir sur les horreurs du sacrifice auquel elles se livrent. On ne connoît pas bien encore la cause et le motif d'un usage aussi extraordinaire.

On raconte qu'une Bramine dans le délire de sa passion, proposa à son amant de se

défaire de son mari, et d'aller ensemble habiter un autre pays. La proposition fut accep-
tée avec joie, et le crime consommé. Elle
se rendit dans la nuit chez son amant avec
ce qu'elle put emporter de ses bijoux, et
des trésors du défunt; mais la réflexion avoit
fait place chez lui aux transports de l'amour,
il eut horreur du crime, et refusa de suivre sa complice. Elle eut beau employer les
larmes, les prières, les caresses, les repro-
ches du désespoir, les menaces. Elle eut
beau lui représenter que sa mort étoit inévitable, elle ne put vaincre sa résolution.
Enfin voyant approcher le moment où le jour
alloit éclairer ses pas et son crime, et per-
dant toute espérance, elle se dévoua à la
mort; alors le calme succéda à son agita-
tion; elle se retira, sans rien dire. Bientôt
elle avertit sa famille de la mort subite de
son époux, et annonça qu'elle étoit prête
à le suivre. Cette déclaration éloigna toute
idée de soupçon. Les préparatifs de la cérémonie se firent suivant l'usage. Avant de
monter sur le bucher, elle dit adieu à ses
parens et les embrassa. Son amant qui étoit
du nombre, et qui étoit présent, reçut le
baiser le dernier de tous; mais en le ser-
rant fortement dans ses bras, elle l'entraîna

avec elle sur le bûcher, qui avoit été préparé dans une fosse, et ils furent brûlés ensemble.

Je ne sais quel fonds l'on peut faire sur cette anecdote, mais elle m'a été racontée par des Bengalis, lors de mon séjour au Bengale.

Lorsqu'une femme de la caste des Brames a perdu son mari, un prêtre se présente devant elle, avec une lampe allumée. Si elle met le doigt sur la flamme, elle consent à se brûler; mais le prêtre ne l'y engage point et ne lui tient aucun discours : ce sont ses parens qui la disposent à ce sacrifice, parce qu'il en réjaillit beaucoup d'honneur sur la famille.

X C V.ᵉ O b s.

P. 325. » Le bûcher de cette jeune femme » étoit de bois de Sandal, et avoit coûté, » dit on, 7000 florins de Hollande ». On s'est fort trompé sur le prix. Le bois de Sandal n'est pas à beaucoup près aussi cher. On le tire de la côte de Malabarre, pour le porter à la Chine, où il est très-estimé, et où il s'en fait une grande consommation. On n'en fait point usage dans l'Indoustan, si ce n'est pour quelques meubles, auxquels la fantaisie du propriétaire attache plus de prix, que la mode; mais les Chinois en font beaucoup de petits meubles. Ils réduisent aussi ce bois en poudre, et en font des petites bougies qu'ils brûlent devant leurs idoles. Il y a trois espèces de sandal, *tête, ventre et queue*, mots techniques usités dans le commerce à Canton, pour désigner trois qualités.

X C V I.ᵉ Obs.

P. 325. Les maladies auxquelles on est sujet dans le Bengale, proviennent de l'insalubrité de l'air, et non pas des *alimens insipides et peu substantiels* dont on se nourrit : car ils sont en général très-bons. Le bœuf, le mouton, les volailles, le gibier, les légumes d'Europe sont abondans ; le poisson n'y est pas aussi commun que dans d'autres pays ; mais on pourroit le multiplier dans les étangs qui sont très-nombreux. Le Bengale est un pays de bonne-chère; l'intempérance y est plus funeste que dans les climats sains; elle moissonne beaucoup d'Anglois à Calcutta.

X C V I I.ᵉ Obs.

P. 326. « Une autre maladie qu'on doit » craindre, dans le Bengale, est une espèce » de fièvre, connue sous le nom de *Jouni-*

» bad, dont le malade meurt ordinairement
» avant le troisième jour ; ou bien elle est sui-
» vie de la cécité, de la surdité et d'un marasme
» formel ; quelquefois aussi on est attaqué
» d'une paralysie générale , dans tous les
» membres. Les médecins du Bengale sont
» plus habiles à guérir cette maladie que les
» E ropéens, parce que les symptômes ca-
» ractéristiques n'en sont pas équivoques, et
» que c'est une maladie endémique. »J'avoue
que je prendrois beaucoup plus de confiance
dans un médecin européen , qui auroit la
pratique des maladies du pays, et la connoissance des effets du climat, que dans un
médecin bengali , dont l'ignorance n'est pas
le seul défaut. Un de mes amis fut attaqué
de cette cruelle maladie , pendant mon séjour au Bengale. Il fut à toute extrémité, dès
le second jour. S'il fut resté dans le Bengale,
il y eût succombé ; mais dès qu'il fut en état
d'être transporté, on l'embarqua sur un vaisseau qui étoit en partance , pour l'Isle-de-
France ; il se rétablit peu-à-peu en mer. Le bon
air qu'on respire dans cette colonie , la bonté
des vivres, un régime convenable achevèrent
sa guérison parfaite ; mais elle fut longue. Je
crois que les malades , qui ne périssent pas
dans les premiers jours, doivent se hâter de

changer d'air , pour éviter les suites de cette maladie. Elle est endémique , comme l'a remarqué l'auteur, et doit être attribuée à l'insalubrité de l'air. C'est une corruption des humeurs ; elle enlève les forces du malade , dès les premiers accès.

On est encore , dans le Bengale , sujet aux indigestions ; elles sont presque toujours la suite de l'intempérance , mais elles y sont plus fréquentes et plus dangereuses qu'en Europe. Il en est de même à la côte de Coromandel , à Batavia et dans tous les pays chauds , sur-tout dans ceux où l'air est malsain. L'élixir connu dans l'Inde, sous le nom de *drogue-amère* , et dont j'ai donné la recette, dans le *Voyage à Canton*, est le meilleur remède que l'on puisse prendre dans ce cas ; mais il est souvent à propos d'en renouveller la dose. Un de mes amis qui s'étoit livré , à Chandernagor, aux plaisirs de la table , sans réserve , eut une indigestion , à laquelle il auroit probablement succombé , si je ne lui avois pas fait prendre sur-le-champ de la drogue-amère ; elle excita chaque fois un vomissement , et même très-promptement ; chaque fois je lui en faisois prendre une nouvelle dose , qu'il rendoit avec des alimens. Je ne cessai de lui en donner, que lors-

qu'il ne vomit plus; ensuite je lui fis prendre
du thé, et on le coucha. Il dormit très-bien,
et ne ressentit le lendemain, qu'un peu de
fatigue dans l'estomach, et un peu de lour-
deur dans la tête. Je suis persuadé que s'il
n'avoit pris qu'un verre de drogue-amère,
cette dose eût été insuffisante, et qu'il eût
péri. Il prit plus d'un tiers de bouteille de cet
élixir, en différentes fois. J'ai cité cette anecdote, pour faire connoître la nécessité, dans
bien des cas, de donner, à ceux qui ont des
indigestions, plusieurs doses de drogue-
amère, coup sur coup, après chaque vomissement.

J'ajoute ici une observation qui me paroît
nouvelle, et même intéressante. Comme j'ai
préparé, depuis long tems, beaucoup d'élixirs différens, dans lesquels il entroit plusieurs espèces de résines, j'ai remarqué,
quoique les doses en fussent les mêmes,
quoique les spiritueux employés eussent le
même degré de force, que les élixirs n'étoient
pas uniformes dans leurs propriétés. Comme
je mêlois souvent les résines, réduites en
poudre, à l'eau-de-vie, j'ai conjecturé que
celle-ci se chargeoit en plus grande quantité
de celle mêlée la première, que des autres ;
d'où il résultoit que l'élixir avoit plus de

vertu purgative , lorsque l'aloës avoit été
mêlé le premier , qu'il n'en avoit, lorsque
cette substance gommo-résineuse avoit été
mêlée la dernière. D'après cette observation,
il me semble qu'il est à propos de faire dis-
soudre chaque résine à part dans le liquide
spiritueux, quel qu'il soit, et de n'opérer
leur mélange qu'au bout de quelques jours
de macération.

La goutte , les fleurs blanches , maladies
si communes en Europe , n'attaquent point
les Bengalis ; mais les Européens et leurs
femmes , y sont aussi sujets que dans leurs
pays.

Comme on n'emmaillotte point les enfans
dans tout l'Indoustan (je devrois dire dans
toute l'Asie), on n'y voit point d'hommes
contrefaits.

Les cours de ventre , les dyssenteries , les
flux de sang , les obstructions , les clous ou
furoncles sont des maladies assez communes
dans le Bengale , et sur-tout les dartres qui
sont endémiques à tous les pays de l'Asie, et
dont on a beaucoup de peine à se défaire. La
gale est encore une maladie assez commune
dans l'Indoustan.

On est peut-être surpris que les maladies

de poitrine soient assez rares , dans les pays
où l'air est insalubre, et qu'elles soient comme
endémiques , dans ceux où l'air est très vif
et très-sain. Je donne ici la recette d'un syrop
anglois pectoral , dont on a éprouvé d'aussi
bons effets en France qu'en Angleterre, et
qui mérite d'être connu, pour le bien de
l'humanité.

Syrop Anglois pectoral.

Capillaire du Canada. . . . . . 1 once
Réglisse fraîche
Racines de guimauve   } *aa* 4 gros
Semence de pavots blancs
12 Fleurs de nymphæ.
12 Jujubes.
18 Dattes.
24 Sébestes.
2 Livres de Sucre.

On découpe menu le capillaire, on broie
la réglisse et les racines de guimauve ; on
défeuille les fleurs de nymphæ ; on ôte les
noyaux des fruits ; on mêle le tout avec la
semence de payots, et on le fait cuire à petit
feu, dans un vase de terre neuf, avec trois
livres d'eau, jusqu'à la réduction d'une liv.
ensuite on le passe au travers d'un linge,
avec forte expression ; puis on y fait fondre

les deux livres de sucre, que l'on clarifie avec des blancs d'œufs, et que l'on fait cuire ensuite doucement, en consistance de syrop.

On en prend une demi-cuillerée à bouche trois fois par jour; la première fois à jeun; la deuxième, quatre heures après le dîner, et la troisième, après un léger souper. Il ne faut rien prendre qu'une heure après.

L'inventeur du syrop recommande un régime exact, pendant l'usage de ce remède; et de s'abstenir de laitage, de toutes crudités, de pâtisseries, de viandes salées ou épicées, de liqueurs fortes, et même de ragoûts.

On a remarqué de très-bons effets de l'usage de ce syrop, pour toutes les maladies de poitrine, sur-tout celles qui sont occasionnées par une humeur âcre qui l'irrite, qui enflamme le poumon, et qui conduit à la pulmonie. On a guéri, par son moyen, des vomiques; on termine la cure de cette maladie, par l'usage des eaux de Seltz.

XCVIII.e OBs.

P. 326. L'auteur prétend que les Bengalis *pratiquent* l'inoculation de la petite vérole, *en mettant en poudre quelques grains* du *virus variolique, qu'ils font avaler aux patiens, dans quelque liquide.* Cette observation est curieuse, si le fait est vrai; j'avoue que je n'en ai jamais entendu parler. Je ne sais même, si le virus variolique, après avoir subi la digestion, peut conserver sa vertu fermentative. Ce seroit un essai à faire sur quelques criminels. L'auteur ajoute qu'il y a fort peu de médecins bengalis, qui emploient l'insertion de la petite vérole. Cela est vrai, il y en a fort peu; ils sont tous à *Bandel*, au-dessus d'Ougly; ils insèrent le virus, au moyen d'une incision qu'ils font au poignet gauche. Les Chinois insèrent le virus, en le faisant prendre en poudre par le nez Cette pratique ne vaut pas l'autre; mais on sait que ce dernier peuple a en horreur l'effusion du sang humain.

L'inoculation que font les Bengalis, par insertion, sans avoir préparé le malade, par des remèdes, sans lui donner aucun soin après l'opération, n'a jamais été suivie d'accidens fâcheux. Il est vrai que les malades ne mangent que du riz, ne boivent que de l'eau, et font beaucoup d'exercice, avant et après l'insertion.

X C I X.ᵉ O B s.

P. 327. « Les médecins bengalis ne m'ont » pas paru fort versés dans leur art; car ils se

» trompent souvent sur le véritable caractère
» des maladies, et le moindre accident qui
» survient, suffit pour les embarrasser, ainsi
» que j'en ai vu quelques exemples; mais
» leurs remèdes qu'ils se transmettent de père
» en fils, semblent fort efficaces, quand ils
» parviennnent à saisir la nature du mal qu'ils
« ont à traiter. » Ce passage confirme l'observation que j'ai faite ci-dessus. Les médecins du Bengale n'ont aucune étude de leur
art. Ils ne sont pas éclairés par l'expérience
des siècles passés, ni par celle de leurs voisins; ils n'ont aucune connoissance chy-
mique des drogues simples et composées;
ils n'ont presque pas de procédés pharma-
ceutiques. C'est un hasard, quand ils sai-
sissent le véritable caractère des maladies;
c'est encore un hasard, quand ils administrent les remèdes appropriés à la nature du
mal, en dose convenable; et s'il survient
quelqu'accident, soit par l'imprudence du
malade, soit par toute autre cause, c'est encore un hasard, quand ils y remédient à
propos.... C'est courir, ce me semble, trop
de hasards.

C.ᵉ O в s.

P. 328. Le *bézoar artificiel*, dont parle
l'auteur, *d'une forte odeur aromatique*, qua

les médecins du pays *administrent ordinai-*
rement , avec un peu d'eau et de sucre, me
paroît être une terre bolaire, préparée avec
des aromates. Le sucre, ajoute l'auteur,
entre, pour-ainsi-dire , dans toutes leurs
compositions médicinales, et le médecin
qu'on fait chercher, ne néglige jamais d'en
apporter avec lui. Le sucre est nutritif, il a
des propriétés balzamiques, et même alexi-
pharmaques. Il entre dans la composition de
l'ongent du Maduré , contre la morsure des
serpens venimeux. J'en ai donné la recette,
dans mon *Esquisse des arts des Indiens*, et
j'ai ajouté d'autres anecdotes qui prouvent
les vertus alexitères du sucre.

C L.º O. D S.

P. 33o. « Le péché contre nature est non-
» seulement fort commun, parmi les Mogols
» de l'Indoustan ; mais celui de bestialité
» même ; ils aiment sur-tout beaucoup les
» moutons.

» Les femmes s'adonnent également à ces
» crimes. Un de mes amis qui avoit demeuré
» long-tems à Patna , m'a raconté qu'une
» femme maure avoit voulu, comme une
» nouvelle Pasiphaé, assouvir sa fureur éro-
tique

» tique avec un étalon, ce qui lui coûta la
» vie peu d'heures après. »

Voilà des récits indignes d'un historien,
qui doit être scrupuleux, réservé et sévère
dans le choix des narrations. Attribuer à un
peuple un goût surnaturel pour les moutons,
raconter avec une sorte de complaisance un
événement physiquement impossible, qui,
fut il vrai, prouveroit seulement le délire
d'un individu, et n'autoriseroit pas l'auteur
à inculper les femmes en général, c'est être
trop léger et trop crédule. J'aurois trop de
choses à reprendre, si j'entreprenois une critique sévère de toutes les assertions de l'auteur. Ce qu'il ajoute dans la même page, de
la dépravation des mœurs dans l'Indoustan,
me paroît sans fondement. Je ne prétends
pas dire qu'elles y soient pures ; mais je ne
pense pas avec lui, qu'il n'y ait point *au
monde de pays où l'on soit plus adonné à
toute sorte de débauches.*

CILe Obs.

P. 335. Cent mille font un *lac*, soit de
roupies, soit de toute autre chose ; cent lacs
font un *courou* : ainsi, les mots *lac* et *courou* expriment des nombres.

Nous disons en français un *man*, pour

exprimer 75 livres, et une serre pour exprimer un poids du Bengale. Nous disons une *cove*, et non *cobido*, pour désigner une mesure de longueur, applicable aux choses usuelles, et *cosse*, pour désigner les distances des lieux.

CIII.ᵉ OBS.

P. 339. L'auteur prétend avoir vu à Ougli des éléphans *qui avoient plus de douze pieds de haut*. Je n'en ai point vu d'aussi grands, ni dans le Bengale, ni à la côte de Coromandel. Ils ne sont point indigènes à ces contrées; on les tire de l'île de Ceylan. On prétend qu'on a établi à Chandernagor une école où l'on instruit les éléphans. Ces animaux passent pour être les plus intelligens de tous. J'en ai ouï raconter des anecdotes très-surprenantes. En voici une que je crois pouvoir garantir. Pendant le siége de Madrast, commencé le 12 décembre 1758, par l'armée française, commandée par le général Lally, un des éléphans, qui étoient à la suite de l'armée, se mit une chausse-trappe dans un des pieds de devant. La douleur lui fit jeter des cris affreux. Son cornard indien n'étoit pas assez instruit pour retirer ce corps étranger, et les médecins Malabarres n'osoient en approcher. Dans ces circonstances, un soldat du régiment de Lorraine, qui avoit pris depuis quelque tems de l'attachement pour l'éléphant malade, qui lui avoit donné quelquefois du riz, des fruits, de l'araque, et qui en étoit caressé, résolut de rendre à l'animal le service d'ôter la chausse-trappe de son pied, qu'il présentoit à tous ceux qui s'approchoient de lui, comme pour les inviter à opérer sa guérison. Le soldat, armé d'un couteau, coupa les peaux et les chairs, enleva la chausse-trappe, et mit de la charpie imbibée d'araque à la place. Il enveloppa le pied avec de la toile, et vint tous les jours panser son ami. L'éléphant, qui restoit constamment couché sur le côté, ne fit aucun mouvement, ne jeta aucun cri pendant l'opération, qui fut sans doute très-douloureuse; mais il témoigna, lorsqu'elle fut faite, sa reconnoissance au soldat; et, depuis ce moment, chaque fois qu'il le voyoit, il lui marquoit la plus grande joie. Il fut guéri en peu de tems. Cette anecdote a été connue de toute l'armée. J'y étois alors, et je la tiens d'un de mes cousins germains qui servoit dans le régiment de Lorraine, qui a connu le soldat dont je parle, et qui a vu l'éléphant pendant et après sa guérison.

H 2

CIV°. OBS.

P. 340. Le Jakal, ou chakal, est l'animal que les Français nomment *chien-maron* dans l'Inde. Ce n'est point, comme dit l'auteur, un chien sauvage, quoiqu'il lui ressemble beaucoup. Il y en a une quantité très-considérable dans le Bengale. Ils rodent la nuit sur les bords du Gange, pour dévorer les mourans qui y ont été exposés, ou leurs cadavres, et dans les rues des villes, pour y chercher de la pâture. Ils sautent quelquefois par-dessus les murs, et font main-basse sur les volailles et sur les autres animaux qu'ils rencontrent. Ils sont très-voraces et très-agiles. Il y en a aussi à la côte de Coromandel; mais ils y sont beaucoup moins communs que dans le Bengale; le jour, ils se couchent dans les bois ou dans les buissons.

CV°. OBS.

P. 341. L'auteur n'a pas parlé de toutes les espèces d'oiseaux qui se trouvent au Bengale. Il y a beaucoup de corneilles et de martins, comme aux côtes d'Orixa et de Coromandel. J'ai parlé de ces derniers dans mes observations sur le *Voyage à la Chine de Lord Macartney*, à l'occasion des nuées de sauterelles

qui dévastent quelquefois les provinces de
l'empire. Je n'ai pas ouï dire que l'Indoustan
fut exposé à ce fléau ; peut-être ce pays
doit-il ce bonheur à la multiplicité des martins qui s'y trouvent, et qui vivent d'insectes
et sur-tout de sauterelles. Je répéterai ici le
conseil que j'ai donné, dans l'ouvrage cité,
de transporter de cette espèce d'oiseaux chas-
seurs à la Chine, et dans tous les pays qui
sont exposés aux ravages des sauterelles.

C V I.ᵉ O B s.

P. 342. J'ai mangé d'excellent poisson dans
le Bengale, et des chevrettes fort bonnes,
qui sont couleur de rose, lorsqu'elles sont
cuites. L'auteur dit qu'on trouve dans le
Gange des *caïmans* ou *crocodiles*, qui ne
sont pas en général de la grande espèce. En
allant dans mon bazara rejoindre mon vaisseau, qui étoit au bas de la rivière, j'en vis
un fort grand, avant le lever du soleil, qui
dormoit sur le bord de la rivière. Mes gens
firent du bruit et l'éveillèrent. Il se précipita
avec vivacité dans le fleuve, en faisant un cri,
qui témoignoit sa peur.

C V I I.ᵉ O B s.

Ibid. Le Persan est la langue la plus ré-

H 3

pandue dans l'Indoustan. C'est celle des grands
et de la plupart des Brames. Un Européen,
qui est employé aux négociations politiques,
ou qui veut parcourir le pays, doit savoir le
Persan.

CVIII. Obs.

P. 342. « Les principales manufactures de
» soie se trouvent à Cassimbazar ». La soie
du Bengale n'est pas aussi estimée que celle
de la Chine. Les Anglais, maîtres de ce pays,
pourront perfectionner et étendre cette branche importante de commerce.

Il seroit curieux de connoître la méthode
des Bengalis d'élever les vers à soie et de
cultiver le mûrier. Peut-être les nourrissent-
ils avec quelqu'autre végétal; peut-être ont-
ils l'art d'en multiplier annuellement les récoltes. Valmont de Bomare dit qu'on a trouvé
le moyen de faire trois récoltes de soie dans
l'année. C'est la méthode des Chinois; ils
élèvent des vers au printems, en été et dans
l'automne, et presque tous les mois, dans la
province de Kiang-nan, dont Nankin est la
capitale. Quoique les habitans du Bengale ne
soient pas aussi industrieux que les Chinois,
néanmoins on désireroit connoître la préparation que les premiers donnent à la soie,

comment ils la filent, et avec quelles substances ils la teignent. J'ai vu à Chandernagor des étoffes de soie du pays, d'une très-belle couleur cramoisie.

C I X.ᵉ O B s.

P. 343. Il y a beaucoup d'espèces de coton et de cotoniers. Surate fournit en effet beaucoup de coton en laine au Bengale, qui lui envoie une espèce d'étoffe de soie que les ouvriers de Surate détissent, pour en faire d'autres étoffes.

C X.ᵉ O B s.

P. 344 et 345. On consomme très - peu d'opium à la côte de Coromandel ; mais celle de l'Est, Malac et Sumatra, Java, Bornéo, les Moluques et la Chine en font un grand usage, quoique cette denrée soit prohibée dans ce dernier pays. On ne *sème point l'opium*, mais les graines de pavots, d'où on le retire.

Il y a quelquefois des ammocs à la côte de Malabarre. Ce sont des Mapelets Mahométans descendans d'Arabes, qui, par fanatisme, se dévouent, pour exterminer les ennemis de leur religion.

P. 346. Suivant les détails fournis par l'au-

teur, l'opium du Bengale est sans mélange.
Suivant les renseignemens que j'ai pris pendant mon séjour dans ce pays, il est mêlé
avec une quantité égale de riz réduit en farine. C'est ce qui me paroît plus vraisemblable.

P. 347. « On m'a asssuré que dans la pro-
» vince de Bahar on rassemble tous les ans
» environ seize mille mans de ce suc ; ce qui
» fait plus d'un million de livres pesant, dont
» la plus grande partie est transportée par
» terre dans l'Indoustan ; de-là il est dispersé
» par toute l'Asie ». Seize mille mans font
douze cents mille livres françaises. J'ai déjà
dit que l'Indoustan en consommoit très-peu.

L'opium est un des grands objets de récolte
du Bahar. Jusqu'à présent ce pays a été le
seul des Indes qui en ait produit ; mais on
peut cultiver le pavot dans beaucoup d'autres contrées. Il réussit à merveille à l'Ile-de-
France. J'ai essayé de tirer des feuilles de
cette plante un extrait analogue à l'opium ;
il en a les vertus dans un degré moindre. Ce
sont des expériences qu'il seroit bon de renouveller.

Les Anglais ont étendu la culture du pavot, et même l'extraction du salpêtre. Ils
ont encouragé et favorisé la culture de l'anil,

cette plante qui fournit l'indigo, et la culture
des cannes à sucre dans le Bengale. Si leur
gouvernement peut réprimer la cupidité de
ses agens, et arrêter l'effet du despotisme,
ces contrées prendront un grand degré de
prospérité. L'industrie européenne, la liberté
du commerce, la liberté civile, donneront
une grande activité à un peuple nombreux
placé sur un sol fertile.

C X L.º O b s.

P. 348. Les détails fournis par l'auteur,
sur l'extraction du salpêtre dans la province
de Bahar, voisine du Bengale, sont incom-
plets et fautifs. « C'est, dit-il, *un sel mêlé de*
» *terre qui sort du sol de cette contrée*». Ce
sel se trouve dans la terre même et se forme
journellement. « On met cette matière dans
» de grands baquets, où on la délaie dans de
» l'eau, jusqu'à ce que les particules de sal—
» pêtre soient fondues ». On ne se sert point
de *baquets*. On fait des tas coniques de terre;
on les arrose, et on rassemble l'eau qui en
découle dans une fosse faite dans la terre
même, qui, étant de nature argilleuse, re-
tient l'eau. «On la fait bouillir dans de grandes
» chaudières pour la faire évaporer, tandis
» que le salpêtre se précipite au fond ». Ce

récit est erronné ; le salpêtre ne se précipite point ; il ne se cristallise que par le refroidissement. Le sel marin, au contraire, se cristallise à chaud et à froid. C'est au moyen de cette propriété que l'on parvient à séparer celui-ci de l'autre.

C'est une chose digne de remarque que le salpêtre se trouve au Bengale, dans une terre argilleuse, sans mélange de terre calcaire ni de sel marin. Les habitans ne connoissent point les nitriaires artificielles, ni la manière d'extraire le salpêtre des plâtras ou des ruines. Il est vrai que leurs terres en contiennent une très-grande quantité, et qu'elles paroissent inépuisables. Tous les Européens en transportent beaucoup en Europe; la consommation qui s'en fait dans le pays n'est pas considérable Les Indigènes en fabriquent de la poudre, qui n'est bonne que pour des artifices, et qui n'est employée qu'à cet usage ; ils n'ont point d'usines propres à cet art. Ils pilent à bras les trois matières qui composent la poudre, avec des pilons de bois, dans des mortiers de bois. Ils ont la prétention d'être les inventeurs de cette composition ; les Pégouans et les Chinois la leur disputent. Quoiqu'il en soit, aucun de ces peuples n'a perfectionné cet art. Leurs poudres sont très-inférieures à celles des Européens, et ne sont pas propres à l'usage de la guerre. Je ne répéterai pas ici ce que j'ai dit à ce sujet dans mon *Voyage à Canton*; je répondrai seulement à une objection qui m'a été faite, à l'occasion de ma découverte d'une *poudre cuite*. On a prétendu qu'elle étoit connue. J'ai dit moi-même que les Chinois fabriquoient de la poudre par le moyen du feu, sans détailler leurs procédés que je ne connois pas; mais cette indication ne suffit pas, pour appliquer cet agent à une fabrication en grand, pour préparer très-promptement et sans danger une poudre excellente, qui conserve ses propriétés beaucoup plus long-tems que celle fabriquée par tout autre procédé. Voilà en quoi consiste la découverte; cela est si vrai, que la poudre cuite des Chinois ne vaut pas mieux que leur poudre crue.

Le Bengale n'est pas le seul pays où l'on trouve des terres salpêtrées; il y en a de semblables au Pégou, à la Chine, au Japon, dans le Golfe-Persique et en Espagne; on prétend que celles de ce dernier pays, qui sont de nature argilleuses, rendent beaucoup de salpêtre, que l'on dit d'une qualité supérieure. Il ne me paroît pas impossible de faire la même découverte en France. Je propose au gou-

vernement d'ordonner aux ingénieurs des
mines de lessiver les terres qu'ils examinent,
pour reconnoître si elles sont salpêtrées ou
non, et d'engager les différentes sociétés
d'agriculture de la république à faire les
mêmes essais.

Le Bengale, la Chine, le Pégou, les environs de Goa, le Golfe-Persique et Sumatra,
fournissent du salpêtre. Je ne puis pas douter qu'on n'en trouve à Madagascar, puisque
les Indigènes fabriquent de la poudre à canon, qui n'est bonne que pour des artifices.
Ils tiennent cette industrie des Européens :
car avant que ceux-ci fréquentâssent leur
pays, ils ne connoissoient pas la poudre à canon. Ils n'extraient pas assez de salpêtre pour
en faire un objet de commerce. On pourroit
introduire cet art chez eux ; ils sont dociles,
adroits, intelligens, robustes, et par conséquent plus propres au travail que les Bengalis.

CXII.ᵉ Obs.

P. 348. « La gomme-lacque est produite
» par de petits insectes, qui ressemblent
» beaucoup aux fourmis volantes. C'est dans
» la partie Orientale du Bengale, et au royau-
» me du Pégou, qu'on en récolte le plus.

» Les habitans fixent en terre de petits bâ-
» tons, sur lesquels les insectes viennent en
» grand nombre déposer un suc gluant ». Il
y a aussi de la gomme lacque à Siam. Les
fourmis ailées, qui produisent ou qui recueillent cette substance sur les fleurs des végétaux, la déposent sur les jeunes branches
d'un arbre particulier à ce pays, et quelquefois sur d'autres espèces d'arbres, ou même
sur des branches fichées en terre. La gomme
lacque est un composé de gomme et de résine.
Les parties colorantes qu'elle fournit se trouvent dans la gomme, puisqu'on les extrait
par le moyen de l'eau.

CXIII.º Obs.

P. 349. Dans l'énumération des *marchan-*
dises qu'on importe avec avantage au Ben-
gale, l'auteur a oublié le coton de Surate,
qui est un des articles les plus importans; les
bois de construction du Pégou, le sel des
côtes d'Orixa et de Coromandel, autre arti-
cle très-considérable, les cauris des Maldives, le fer d'Europe, des marchandises de
la Chine.

Les bois de Sonderi, qui sont dans le bas
du Gange, sont très-peuplés d'arbres. On

ne les exploite pas , parce qu'ils sont dans
un terrain marécageux , la plupart du tems
inondé et mal-sain , parce que les environs
ne sont pas peuplés , parce que la qualité des
bois est vraisemblement défectueuse, et parce
qu'on prétend que ces bois sont le repaire
d'une quantité considérable de tigres royaux,
qui sont ceux de la grande espèce. J'ai pro-
prosé, dans mon *Voyage à Canton*, de peupler les montagnes du Bengale d'arbres de
différentes espèces, propres à la construction
civile et navale , tels que le filao de Madagascar, qui est une espèce de cèdre, le cyprès
distique, le bois-puant, le bien-joint, le takamaka, nommé à la côte de Coromandel *ponay*,
le bois de nate de l'Ile-de-France, dont il y a
une variété à la même côte, où il est nommé
cavequi , dont j'ai vu un bosquet près de
Goretty, que les Bengalis nomment *bolsery* ,
et les Maures *bocol* , et dont les fleurs ont
une odeur très-agréable ; le bois-noir, dont la
végétation est si prompte, et sur-tout le téque
si fort employé dans les Grandes-Indes pour
la construction des vaisseaux , etc. , etc. Par
ce moyen , le Bengale trouveroit en lui-même
les ressources en bois , qu'il est obligé de se
procurer du dehors , et dont il se fait dans le
pays une consommation extraordinaire, pour

la construction des vaisseaux et pour celle des bateaux, etc.

CXIV.ᵉ OBS.

P. 352. Les Anglais n'ont pas pris *Dély* ; l'auteur s'est trompé. L'Empereur Mogol, détrôné par les Patanes qui avoient mis son fils à sa place, implora la protection des Anglais. Ils lui promirent de le rétablir sur le trône, et se firent céder d'avance, par un acte authentique, la Souveraineté du Bengale. Ils n'ont point tenu leurs promesses ; ils ont seulement assigné un revenu au Prince détrôné, qu'ils affectent de reconnoître comme Empereur, afin de légitimer la cession qu'il leur a faite.

CXV.ᵉ OBS.

P. 352. « Le Nabab qui prit Calcutta, » en 1756, ne fit pas tuer tous les Anglais » qui tombèrent entre ses mains. On sait » qu'ils furent entassés dans une prison où » beaucoup d'entr'eux périrent d'asphixie ; » mais l'intention du Nabab n'étoit pas de » leur donner la mort.

CXVI.ᵉ OBS.

Ibid. » La plus grande victoire que les

» Anglais remportèrent, fut celle de Plassi,
» qui décida du sort de ces contrées. Là,
» avec cinq cents Européens, et un petit
» nombre de Sipahis, ils furent obligés de
» faire tête à une armée de cinquante mille
» hommes, commandée par Souja-Doulea,
» Grand Visir de l'Empire de l'Indoustan. Ils
» ne durent certainement leur victoire qu'au
» désespoir ; car il falloit vaincre ou mou-
» rir. » On ne dit point l'Empire de l'Indoustan, qui n'est pas soumis au même maître ;
on dit l'Empire du Grand Mogol, lequel
comprenoit la plus grande partie de l'Indoustan. Sonja-Doulla n'étoit pas Grand Visir
de l'Empire. C'est à la supériorité de leurs
armes, et sur-tout de leur artillerie, à la
mollesse et à la lâcheté des troupes du Soubab
que les Anglais durent la victoire, peut-être
aussi à des intelligences qu'ils avoient dans
le camp ennemi. Du temps de Dupleix et
même peu-après, nous avons vu une poignée
de Français, mettre en fuite des armées plus
nombreuses.

Lorsque j'étois dans l'Inde, un détachement de cinquante hommes des troupes de
la compagnie des Indes, qui conduisoit à
l'armée devant Taujaour, des munitions de
guerre, résista à l'attaque de deux mille ca-
valiers

valiers maures. Le brave Tilly qui comman-
dit notre détachement prit poste dans une
chauderie (*Caravanserai*) pour n'être pas
pris sur ses flancs et sur ses derrières ; il
déposa ses munitions et ses bagages dans
l'intérieur de la chauderie, et il fit face à
cette cavalerie, avec ses cinquante fantassins
et avec deux pièces de canon de campagne,
pendant plus de trois heures. Il ne put pas
être entamé, et ne perdit pas un seul homme.
Il n'étoit qu'à deux lieues de l'armée françoise ; on entendit la canonnade, et on envoya des troupes qui dispersèrent cette
cavalerie.

Au reste la victoire de Plassi, remportée
par les Anglois, eût été inutile, si nous
avions su manœuvrer. Avant qu'ils fussent rendus maîtres du Bengale, nous
aurions pu y envoyer l'escadre commandée
par Lozier-Bouvet qui arriva à Pondichéry
le 8 Septembre 1757, avec des troupes, des
munitions et de l'argent. On proposa dans
le conseil qui fut tenu à ce sujet de l'envoyer
dans le Bengale, où les Anglois n'avoient
alors aucune force maritime, et où ils n'a-
voient que très-peu de troupes Européennes.
Je ne sais par quel aveuglement cet avis fut
rejetté.

CXVII.ᵉ OBS.

P. 353. L'auteur dit que les Anglois allouent 25 lacs de roupies au Mogol et au Nabab, tous les ans, et qu'ils en *conservent pour eux-mêmes au moins le double.* Il est très-mal instruit; les revenus des trois provinces, c'est-à-dire du Bengale, du Bahar et de l'Orixa, se montent beaucoup plus haut, et doivent augmenter, au moyen d'une bonne administration qui favorise l'agriculture et qui étende le commerce.

CXVIII.ᵉ OBS.

P. 354. « Lorsque Lord Clive retourna la » dernière fois en Angleterre, il prit avec » lui, dit-on, un carool de roupies, ce qui » fait quinze millons de florins de Hollande.» Nous disons et nous prononçons *courou.* Le courou vaut cent lacs, et le lac cent mille. L'opinion générale étoit que Lord Clive avoit emporté du Bengale une fortune beaucoup plus considérable, quelqu'immense que paroisse la somme de quinze millions de florins. L'exportation en Angleterre des fortunes particulières a beaucoup contribué à épuiser le pays.

CXIX.ᵉ OBS.

P. 354 et 555, « Le seul espoir qui reste

» aux Maures ; c'est que les Anglois seront
» forcés un jour d'abandonner ces contrées,
» après les avoir totalement épuisées ». Il y a
trente ans que j'entends dire la même chose.
Je ne vois, dans cette assertion, qu'un vœu
dicté par la jalousie, exprimé par l'ignorance, adopté par l'irréflexion. Un pays fertile, qui produit beaucoup plus de denrées
propres à l'exportation qu'il n'en reçoit, est
inépuisable. Je conviens que les Anglois enlèvent les métaux précieux que le commerce
y attire ; mais ils y sont journellement rem-
placés par le même commerce. On dit encore
que leur puissance s'affoiblit à force de s'é-
tendre ; et je pense, au contraire, qu'elle
s'affermit par le même moyen. Plus ils s'é-
tendent, plus ils trouvent de ressources. Si
l'Angleterre étoit obligée, pour soutenir sa
domination dans les Indes Orientales, d'y
transporter annuellement une population considérable d'Anglois ; peut-être à la longue se
dépeupleroit-elle ; mais, qu'est-ce qu'une
poignée de troupes sur la masse du peuple
des trois royaumes, dont la population s'ac-
croît nécessairement par les avantages du
commerce ? Ce sont en plus grande partie
les naturels du pays, c'est-à-dire, les Maures,

qui contribuent à étendre et à raffermir la puissance des Anglois dans le Bengale et ailleurs; plus ils y seront puissans, plus ils auront de moyens pour s'y soutenir. Remarquons encore que leur activité, leur industrie, leur intelligence, ont augmenté leur commerce dans le pays même. En faisant leur propre avantage, ils ont contribué par-là à l'accroissement de la population du pays, ils ont multiplié les ressources des Indigènes, ils ont augmenté les richesses de la contrée. Les cultures nouvelles qu'ils y introduisent, et qu'ils y augmenteront, les anciennes qu'ils étudient et qu'ils perfectionnent, donneront une nouvelle vie à l'agriculture et à l'industrie, et des alimens au commerce. Ne nous repaissons pas de chimères frivoles. Voyons les choses telles que nous devons les envisager, c'est-à-dire, telles qu'elles sont, et n'adoptons pas sans examen des assertions qui flattent notre amour-propre, et le sentiment de rivalité qui doit exister en nous. Sachons que nous n'avons que deux moyens de combattre nos rivaux. L'un brusque, mais dont le succès est incertain; c'est de les combattre et de les vaincre. L'autre lent, mais dont le succès est assuré, c'est de leur opposer l'effet de la concurrence. Je ne m'étendrai pas ici sur ce sujet, qui est susceptible d'un grand développement. Il me suffit, pour le présent, d'en avoir exposé le principe. Quelque nouveau qu'il soit, j'espère qu'il obtiendra le suffrage des personnes sages et éclairées.

CXX.ᵉ OBS.

P. 359. L'auteur a été trompé sur le plan du fort William près Calcutta. Il n'est point *régulier*, parce qu'il est tronqué du côté qui borde la rivière; si ce côté étoit sur le même plan que les autres, le fort seroit *ennéagone* et non *pentagone*. Il n'a point d'*ouvrages extérieurs*, à moins que l'auteur ne veuille parler des demi-lunes qui couvrent les courtines; il dit que ces *ouvrages sont à moitié construits en pierres et le reste en argile couverte de gasons.* Ils n'en valent que mieux pour la défense; le boulet fait son trou dans la terre, ne l'éboule pas et n'occasionne aucun éclat. Au siège de Pondichéry en 1779, où feu le général Bellecombe s'est couvert de gloire, une partie des murs de la place qu'on avoit construits à la hâte étoient en terre, et l'on reconnut bien par l'expérience que cette construction étoit préférable à toute autre.

Je conçois que les fossés peuvent se remplir d'eau à volonté, au *moyen des écluses*, construites près la rivière. L'auteur dit que tous les ouvrages sont *minés et contreminés*; j'en doute fort; mais ces mines et contremines doivent être remplies d'eau dans la saison des pluies.

Il ajoute (pag. 361) que *les Anglois étoient occupés à former, à environ deux lieues au-dessous de Calcutta deux batteries sur le Gange, c'est à-dire une de chaque côté du fleuve.* L'objet de ces batteries ne peut être dirigé que contre les vaisseaux et les bateaux du commerce. Un assaillant débarqueroit des troupes plus bas, tourneroit ces batteries, et s'en rendroit facilement le maître.

C X X I.° O b s.

P. 362. « Depuis la malheureuse expédi-
» tion des Hollandais, en 1759, qui a causé
» la perte de leur prépondérance au Bengale,
» il faut qu'ils y ménagent beaucoup les An-
» glois. » L'auteur passe sous silence cette *malheureuse expédition* de ses compatriotes. La voici : la Haute Régence de Batavia, jalouse du succès des Anglois dans le Bengale, et voulant partager leurs avantages,

ou peut-être les supplanter, arma quatre
vaisseaux dans lesquels elle fit embarquer
cinq cents hommes de troupes Européennes,
et environ huit cents Malais ; elle les expé-
dia pour le Bengale. Cette escadre s'arrêta à
Négapatan situé sur la côte de Coromandel.
Feu Lally commandoit alors à Pondichéry ;
il ne voulut prendre aucune part à cette
expédition. Les Hollandois débarquèrent
leurs troupes dans le Bengale ; ils avoient
choisi un moment favorable : celles des
Anglois étoient occupées dans l'intérieur des
terres. Madrast n'avoit pas trop de toutes
ses forces, pour se défendre contre les François, qui l'assiégèrent la même année. Lord
Clive, quoiqu'il n'eût qu'une poignée de
monde à Calcutta, vint au-devant de l'armée
Hollandoise, et eut l'audace de lui livrer
bataille, avec des forces très-inférieures. A
la première décharge, celle-ci frappée de
terreur pannique, mit bas les armes, et se
rendit prisonnière de guerre. Ce succès pro-
cura au Lord des recrues ; beaucoup de
soldats de l'armée Hollandoise, qui étoient
Belges, Allemands, ou François prirent
parti dans les troupes Angloises. Employer
des étrangers dans des pays éloignés, ne
paroît pas une mesure dictée par la pru-

dence. Peut-être, que si le Général Lally
eut joint un renfort de 150 Français seulement à l'armée Hollandoise, les choses eussent
tourné autrement. Quoiqu'il en soit, on prétend que les directeurs de la Compagnie
firent payer les frais de cette expédtion à la
haute régence de Batavia, qui avoit pris sur
elle de la faire sans autorisation Je doute de
la vérité de cette assertion, et je suis persuadé que les *Edèle-hèer* (nobles seigneurs)
qui composent la haute régence, se seroient
arrangés de manière à faire retomber ces frais
sur la Compagnie.

CXXII.º OBS.

P. 363. « La factorerie d'Ougly est sous la
» direction du conseil des Indes de Batavia,
» de qui elle reçoit les instructions sur sa
» conduite dans ses transactions commer-
» ciales ». Il me semble que s'il est à propos
d'avoir un chef-lieu où se tienne un conseil
suprême d'administration, qui règle toutes
les affaires importantes des autres comptoirs,
situés à des distances éloignées, il seroit convenable de borner son autorité, et de ne
pas l'étendre aux transactions commerciales.
Elles dépendent quelquefois des circonstan-

ces du moment , et souvent elles ne laissent pas le tems d'attendre des ordres.

CXXIII.º Obs.

P. 363 et 364. « Le directeur de la facto-
» rerie jouit de forts appointemens attachés
» à sa place ; il a de plus mille autres moyens
» de faire valoir avantageusement , pour lui ,
» les sommes énormes qu'il a toujours à sa
» disposition , et dont il est impossible de
» suivre l'emploi ».

Les appointemens des employés de la Compagnie Hollandaise sont en général très-modiques , et je suis surpris que le directeur de
Chinsurah en ait de forts. C'est un vice dans
l'organisation de l'administration que de lui
laisser la disposition des fonds de la Compagnie , et sur-tout de ne pouvoir pas en *suivre*
l'emploi.

Quant au gouverneur de Calcutta, *dont la*
maison coûtoit annuellement plus de cent
mille roupies (250 mille francs environ) je
n'en suis pas surpris. La Compagnie Angloise
lui alloue cinq cents mille francs d'appointemens par an ; et , certes , il a bien d'autres
profits.

« Le directeur est la seule personne qui,
» dans les possessions de la compagnie, ait

» le droit de se faire porter dans son palan-
» quin assis dans un fauteuil... Quand il
» sort de la porte de la loge, la garde se met
» aussi-tôt sous les armes , et le tambour bat
» aux champs. Il est précédé de six ou huit
» *sjbadars* , ou d'un plus grand nombre, s'il
» le juge convenable , ainsi que de quelques
» pions et autres serviteurs. Lorsqu'on le
» porte par le village, ou qu'il va en voiture,
» les habitans de quelques endroits sont obli-
» gés de jouer de quelques instrumens ». Les
sjabdars , que nous prononçons *soubdars* ,
sont des domestiques maures qui ont des *bâ-
tons garnis d'argent par les deux bouts.* Les
Hollandois des Indes tiennent beaucoup plus
à l'étiquette , au faste , au cérémonial , que
les François et les Anglois. Pour désigner ces
usages , on emploie dans les Indes un mot
Portugais très-expresssif , qui pourroit être
adopté ; c'est celui de *pampore.* Elle donne
peut-être quelque considération dans l'esprit
des gens du pays ; mais elle ne fait pas la
puissance, elle ne crée pas les richesses.

CXXIV.ᵉ Obs.

P. 364. L'auteur détaille le cérémonial
usité, lorsque le directeur de Chinsurah sort.
Le faste asiatique, semble exiger cette pompe

et ces distinctions. Cependant les Anglois et les François en observent les détails avec moins de scrupule que les Hollandois.

C X X V.ᵉ O B s.

P. 366. *Le fiscal est un magistrat de police.* Il est étonnant qu'on lui ait confié le pouvoir de faire attacher les Indigènes *à un poteau*, de les faire *fouetter*, de les condamner à des *amendes pécuniaires qui font le principal revenu de sa place.* « Ce fiscal fait payer aux » riches banians jusqu'à vingt et même vingt- » cinq mille roupies pour la moindre bévue ; » et quand on n'est pas assez prompt à four- » nir les sommes qu'il exige, il tient les soi- » disant coupables attachés à un poteau, jus- » qu'à ce qu'elles lui soient comptées ». Rien n'est plus monstrueux, ni plus tyrannique, qu'une pareille administration. *Ille facit sce- lus cui prodest.* On sent bien que les banians (ce sont les marchands, les négocians, les changeurs) désertent un lieu où ils sont ex- posés à des vexations aussi criantes, et qu'ils vont habiter Calcutta, où la police est admi- nistrée avec plus de justice depuis quelque tems, sur - tout depuis le gouvernement de Lord Cornwallis.

CXXVI.ᵉ Obs.

P. 367. « Les appointemens du fiscal con-
» sistent principalement en un droit de cinq
» pour cent qu'il perçoit sur toutes les mar-
» chandises importées par des particuliers,
» au-delà de celles que la compagnie permet
» aux officiers de ses vaisseaux de prendre
» avec eux. Il reçoit également un droit de
» cinq pour cent de toutes les marchandises
» qu'on exporte. » Voilà qui est encore abu-
sif : c'est nuire au commerce qui devroit
être encouragé, pour l'avantage d'un seul
homme. Je l'ai déjà dit, le système orga-
nique de l'administration de la compagnie
Hollandoise des Indes, doit être entièrement changé, et dans les principes et dans
les détails, si le gouvernement Batave veut
que la nation retire des profits de son commerce aux Indes, et s'il désire la prospérité
de ses colonies et de ses comptoirs.

CXXVII.ᵉ Obs.

P. 368. « Les possessions dont la com-
« pagnie a la propriété effective, sont les vil-
» lages de Chinsurah et de Bernagor, qu'elle
» a obtenus des Maures par concession, ou
» plutôt par vente réelle. » Chinsurah est une

jolie petite ville ; quant à Bernagor, c'est
une aldée située au-dessus de Calcutta, dont
il a été question dans le *Voyage au Bengale.*
La compagnie a en outre une loge à Folta
sur la rive orientale du Gange, à 22 lieues
environ de Calcutta. C'est ordinairement à
cet endroit que s'arrêtent les vaisseaux Hollandois ; c'est-là où ils déchargent, c'est-là
où ils prennent leurs cargaisons.

De Chinsurah à l'embouchure du fleuve,
on compte soixante lieues, et non pas quarante, comme dit l'auteur, et du même
point à Patna, on compte cent vingt à cent
trente lieues, et non pas quatre-vingt-dix.

Ce qui rend le Bengale florissant, c'est la
navigation du fleuve, et celle de la plupart
des rivières qui s'y réunissent ; le transport
des marchandises s'y fait à peu de frais. Rien
de plus commode et de plus agréable que
les bazaras (bâteaux du pays) on en loue
tant qu'on veut, pour une course, ou pour
un voyage, à bon compte. Les mariniers
qui les conduisent, étant exercés à ce métier
dès leur enfance, sont lents dans tous leurs
mouvemens, mais assez adroits.

CXXVIII.ᵉ OBˢ.

P. 169. « On emploie dans la construc-

» tion des maisons le moins de bois possi-
» ble à cause des termites qui dévorent en
» peu d'années, l'intérieur de la partie des
» poutres, qui est encastrée dans les murs,
» de sorte que ces poutres tombent quelque-
» fois tout-à-coup, sans qu'on ait rien ap-
» perçu à l'extérieur. On n'a pas encore
» trouvé de remède contre cette espèce de
» fléau. » Les termites sont des espèces de
fourmis ailées que nous nommons kariats,
qui percent les poutrelles avec la plus grande
facilité, et s'établissent dans leur intérieur :
ces insectes vivent en famille, comme les
autres fourmis, comme les abeilles, et cons-
truisent des galeries couvertes, pour com-
muniquer d'un endroit à l'autre. Leurs nids
qui sont quelquefois très-gros, sont entièrement couverts ; ils se tiennent dans l'obs-
curité. Ils ont comme les abeilles, des reines,
ou plutôt des mères, qui pondent une très-
grande quantité d'œufs. Le moyen le plus
simple de les détruire est d'insérer dans les
nids plusieurs petites pincées d'arsenic réduit
en poudre ; j'en ai éprouvé plusieurs fois
l'efficacité. Il m'est impossible d'expliquer la
cause de cet effet, mais j'atteste la vérité
du fait, qui est d'ailleurs notoire aux îles de
France et de la Réunion, où ces insectes

destructeurs sont très-communs, et où l'on
en trouve fréquemment des nids dans la
forêt, tant sur les arbres morts que sur ceux
vivans. Au surplus il est facile de préserver
le bois de leurs attaques : j'en ai détaillé les
moyens dans un autre ouvrage ; je vais les
répéter ici, afin de leur donner plus de publicité. Ils consistent à enduire, par deux
fois, le bois qu'on veut préserver du ravage
de ces insectes, avec le suc de la feuille
d'aloës, ou avec une dissolution d'aloës ;
ensuite on enduira le bois, d'une couche ou
deux d'*huile de bois*, très-connue dans les
Indes, où l'on en fait un usage fréquent,
qui vient du Pégou, qui est siccative et qui
fait vernis. A défaut de cette huile, on pourroit enduire le bois de galle-galle ; c'est une
composition faite avec de l'huile, dans laquelle on a fait fondre du brai sec, en
quantité égale en poids, et avec laquelle on
a mêlé de la chaux vive réduite en poudre,
en quantité suffisante, pour que le tout ait
de la consistance. Cette galle-galle doit être
appliquée chaude et rapidement ; une seule
couche suffit.

C'est au moyen d'un pareil enduit que les
Indiens préservent les bois qui entrent dans
la construction de leurs vaisseaux, de la pi-

qûre des vers, et qu'ils en prolongent la durée, pendant plusieurs siècles.

Ce même enduit pourroit être appliqué non-seulement sur les bois façonnés, qui servent à l'usage de l'artillerie, et qui doivent être exposés à l'air; mais encore sur une partie de ceux qui entrent dans la construction des maisons, des hangards et des édifices ruraux.

L'usage le plus important du même enduit, seroit l'application qu'on devroit en faire sur les pièces à l'eau de la marine, tant à l'extérieur qu'à l'intérieur, non-seulement pour en prolonger la durée, mais encore pour conserver l'eau douce dans sa pureté, pendant les voyages de long cours.

Je citerai à cette occasion une anecdote curieuse, que je tiens du citoyen Montigny, qui a été dans les Indes, par la caravane, qui a commandé dans le Bengale pour la nation Françoise, et qui a séjourné long-temps à Pounah, capitale des Marates. Après avoir parcouru l'Indoustan, en observateur éclairé, il s'embarqua à Goa, sur le même vaisseau que le capitaine général des établissemens Portugais, dans les Indes, *Dom Camaras*. Il fut surpris de voir que l'eau qui servoit à la boisson de l'équipage n'avoit

aucun

aucun goût, ni aucune odeur de putridité ;
elle avoit seulement une petite teinte jaunâ-
tre ; mais elle étoit claire. Il apprit que les
pipes à l'eau étoient faites avec un bois du
Brésil venant de Fernambouc, qui a la propriété de conserver l'eau, sans altération. Elle
avoit été prise à l'aiguade de Goa. La traversée, jusqu'à Lisbonne, fut de sept mois, y
compris les relâches de Benguel et d'Angole,
à la côte d'Afrique. Le même citoyen rapporta
en France un flacon de la même eau qu'il prit
à Lisbonne, et qu'il boucha hermétiquement.
Il eut l'attention d'en faire signer un procès-
verbal par le capitaine et les officiers du vaisseau, et il remit le tout au maréchal de Cas-
tries, pour lors ministre de la Marine.

Voilà donc une espèce de bois qui a la
propriété de conserver l'eau dans son état de
pureté pendant long-tems. Il est vraisemblable que ce bois contient des parties rési-
neuses qui la préservent de la corruption. La
couleur jaune qu'elle prend à la longue, provient vraisemblablement de quelques parties
gommeuses que l'eau dissout, et qui ne sont
pas nuisibles ; car l'équipage du vaisseau n'a-
voit contracté aucune maladie. Il seroit possible que la Guyanne françoise produisît la
même espèce de bois incorruptible.

CXXIX.' OBS.

P. 370. « Les plate-formes des toits, et les
» pavés des appartemens, sont composés
» d'une espèce de pierre réduite en poussière,
» qui porte le nom de *zurki*, et qu'on amal-
» game avec de l'eau de chaux et de la mé-
» lasse commune ; ce qui forme en peu de
» tems une masse qui a la solidité du mar-
» bre ». C'est le stuc des Indiens, dont j'ai
donné la composition dans un autre ouvrage ;
mais l'auteur s'est trompé en plusieurs points.
Les terrasses à l'Italienne, qui servent de cou-
verture à la plupart des maisons Européennes, dans l'Indoustan, ne sont pas en stuc,
non plus que les pavés. Il n'y a que les murs
intérieurs des maisons qui soient enduits en
stuc. Il a le poli, le luisant, et la blancheur
du marbre ; mais il n'en a pas la dureté, quoiqu'il soit assez solide. Il n'a guère que trois
ou quatre lignes au plus d'épaisseur.

CXXX.' OBS.

P. 374. « Les Européens mènent au Ben-
» gale une vie fort commode et fort douce ».
Si cela n'étoit pas, et s'ils n'avoient pas l'espérance d'y faire fortune, ils n'iroient pas
dans un pays aussi insalubre. Les plaisirs

qu'il procure, sont bien troublés par le défaut de vigueur, ou même de santé, par les indispositions fréquentes, par les privations qu'exige le soin de sa conservation, et par l'appréhension de maladies plus graves. Calcutta est un des endroits des plus mal sains du Bengale. La police et l'administration n'ont rien fait pour détruire, ou même pour affoiblir les causes de cette insalubrité. Une pareille insouciance n'est pas excusable, et cause des regrets à un ami de l'humanité. C'est au gouvernement Britannique à prescrire aux agens de la Compagnie, les travaux et les mesures de police, qui contribueront à diminuer les influences meurtrières d'un air corrompu.

CXXXI. Obs.

P. 378 et 379. « Le commerce des Fran-
» çois est beaucoup tombé ici depuis la der-
» nière guerre, que leur chef-lieu à Chan-
» dernagor, et leur fort, ont été entièrement
» ruinés par les Anglois. On a stipulé à la
» paix, que ce fort ne pourroit être rétabli,
» qu'ils s'abstiendroient même de former au-
» cune espèce de retranchemens ; ils leur est
» également défendu de laisser flotter, comme
» les autres nations, le pavillon de leurs Éc-

» toreries à une haute perche; ils ne peuvent
» l'attacher qu'à un long bambou. Les An-
» glois sont fort attentifs à faire observer ces
» conditions ». Ils ont fait combler par un
détachement de 800 *sipahis* un fossé que le
gouverneur de Chandernagor avoit fait creuser autour de la ville, pour *servir à l'écoule-*
ment des eaux stagnantes, *afin de rendre*
par-là son séjour plus sec et plus salubre.

« Les François ne peuvent y avoir que très-
» peu de canons, qui sont uniquement des-
» tinés à rendre le salut aux vaisseaux. S'ils
» vouloient en faire venir en plus grand nom-
» bre, les Anglois ne tarderoient pas à venir
» les enlever ».

François! souffrirons-nous plus long-tems
ces outrages, ces humiliations! Avons-nous
vaincu l'Europe, pour recevoir des lois in-
sultantes de l'Angleterre, pour voir flétrir
le pavillon national sur les bords du Gange,
pour n'avoir pas le droit de purifier l'air de
notre comptoir, et de nous y mettre en état
de défense?... J'en ai dit assez; je vous livre
à vos sentimens et à vos réflexions.

CXXXII.ᵉ Obs.

P. 385. Le traducteur dit, dans une note,
« que l'importance du Cap-de-Bonne-Espé-

» rance est si connue, qu'il est devenu pro-
» verbe de dire que la Compagnie des Indes
» ne sauroit subsister sans le Cap. Elle est
» sur-tout utile par le bon ancrage qu'elle
» offre dans la baie de la Table, depuis le
» mois d'octobre jusques au mois de mai,
» aux vaisseaux qui se rendent dans l'Inde ».
La relâche du Cap-de-Bonne-Espérance est,
sans contredit, très-utile et souvent nécessaire, non-seulement aux vaisseaux qui vont
aux Indes, mais encore à ceux qui en reviennent ; mais de dire que la Compagnie *ne sauroit subsister sans le Cap*, c'est outrer les
choses. Si cette colonie, qui coûte plus
qu'elle ne rend, appartenoit à une nation
étrangère, les vaisseaux Hollandois pourroient également y prendre des rafraîchissemens, tant que la République seroit en paix
avec elle. Les Anglois, qui envoyoient dans
les Indes Orientales un bien plus grand nombre de vaisseaux que la Compagnie de Hollande, n'étoient pas les possesseurs du Cap,
et leur Compagnie *subsistoit*. Pendant la
guerre, je conviens qu'il seroit difficile aux
vaisseaux Hollandois de se rendre en droi-
ture d'Europe à Batavia, qui est un pays
mal-sain ; mais ils pourroient relâcher à l'Ile-
de-France. Combien de vaisseaux avons-nous

K 3

vus, de tout tems, se rendre de France à cette
colonie, sans avoir fait la relâche du Cap ?
L'ancrage est très-bon dans la rade du Cap ;
mais il n'y est pas sûr, et plusieurs vaisseaux
y ont péri dans des tempêtes. La baie de Saldaigne, trop négligée par les Hollandois,
offre un ancrage plus sûr.

« Le Cap, ajoute le traducteur, est d'une
» autre utilité pour Batavia et Ceylan, ou
» plutôt pour l'Inde entière, où il fait passer
» tous les ans sept à huit cents lasts de fro-
» ment, ainsi qu'une grande quantité de vins
» blancs, de beurre, de pois, de féves, etc. »
Sept à huit cents lasts de froment, font vingt
et un à vingt-quatre millons. Or le Cap, à
beaucoup près, ne produit pas cette quantité
de blé en sus de sa consommation, et de celles
qu'y font les vaisseaux qui y relâchent ; car
très-souvent ils y prennent du biscuit. L'auteur ignore que Ceylan consomme infiniment
peu de blé, que les Anglois en tirent de Surate et du Bengale, et même de la côte d'Orixa.
Aussi les envois de blé du Cap, se réduisent-
ils à ceux qu'on fait à Batavia et en Europe.
Cette capitale des Indes Hollandoises consomme infiniment plus de riz que de blé. Ce
dernier grain est sur-tout employé à faire du
biscuit pour les équipages des vaisseaux de la

Compagnie seulement. Il est vrai que les François, sur-tout dans les dernières guerres, ont été chercher au Cap des approvisionnemens pour l'Ile-de-France, pour les troupes et les escadres qu'on y entretenoit.

Les vins blancs du Cap sont peu estimés; on en transporte peu dans les Indes, mais on n'y porte ni beurre, ni pois, ni féves de cette colonie, si ce n'est en quantité très-petite.

CXXXIII.ᵉ OBS.

P. 393. « Les vents violens de Nord-Ouest » qui soufflent de temps en temps, depuis » la fin de Floréal, jusqu'en Vendémiaire, » rendent la baie de la Table dangereuse » pour les vaisseaux. C'est par un de ces » coups de vent (pag. 387) que la Com- » pagnie perdit, en 1737, sept de ses vais- » seaux à leur retour dans la patrie. » Dix-sept vaisseaux de toutes les nations périrent corps et biens, dans ce coup de vent.

En 1761, le vaisseau de la compagnie des Indes, le Condé, commandé par le capitaine Bélèmé, avoit été expédié de l'île de France, au Cap de Bonne-Espérance, pour y prendre une cargaison de vivres. Il y trouva un vais- seau de guerre Anglois, qui prolongea son séjour jusqu'en messidor, dans l'espérance que le François, dès qu'il auroit sa cargaison complète, appareilleroit, qu'il le suivroit et qu'il s'en rendroit maître ; mais le François qui craignoit cet événement, aima mieux s'exposer au danger de périr, qu'à celui d'être pris. Il mit à la voile deux jours après l'Anglois, et il arriva heureusement à l'île de France, où l'on ne l'attendoit plus. On soupçonnoit qu'il avoit péri, ou qu'il avoit été pris.

Il est remarquable que cette année la rade de Table-baie ne fut battue d'aucune tempête violente, jusqu'en Messidor ; ce qui est assurément fort rare.

P. 393. « Il est défendu aux vaisseaux de » la Compagnie de mouiller dans la rade de » la Table, depuis le milieu du moi de Mai, » jusqu'à la mi-Août ; ils doivent se rendre » dans la baie *Falso*, où ils se trouvent à » l'abri de tous les vents. »

La baie de la Table est en effet dangereuse dans l'hiver. Ne trouveroit-on pas sur la côte Orientale d'Afrique, quelque hâvre, où les vaisseaux fussent en sûreté. Ils y seroient sans doute à l'abri des vents du Nord, du Nord-Ouest et de l'Ouest, qui soufflent le plus souvent dans cette saison, et qui sont es plus violens ; mais il faudroit que les

vaisseaux fussent aussi garantis des vents du
Sud et de l'Est. Ce port contribueroit aussi
à l'accroissement de la Colonie ; il seroit à
portée des habitations éloignées de la ville
de la Table, qui y verseroient les productions du pays, et qui s'approvisionneroient
des denrées et des ustensiles et effets dont
elles peuvent avoir besoin.

C X X X I V^e. O b s.

P. 394. « Les grandes vallées sont sablon-
» neuses et stériles, faute d'eau. Voilà pour-
» quoi la plupart des terres labourées se
» trouvent sur la pente des montagnes, où
» elles sont arrosées par les petits ruisseaux
» qui descendent de leurs sommets. Le ter-
» rain des environs du Cap est saumâtre en
» plusieurs endroits. » L'auteur n'a pas eu des
renseignemens exacts ; je conviens avec lui
que la plupart des vallées sont *sablonneuses
et stériles.* J'ai dit que le sol du Cap étoit en
général stérile ; mais je soutiens que la plupart des terres cultivées, sont au pied des
montagnes, et non pas sur leur pente, et
qu'elles ne sont pas arrosées, par les petits
ruisseaux qui descendent de leurs sommets.
Il est rare en général de trouver des sources
d'eau sur le sommet des montagnes; mais ces

terres cultivées sont dans le voisinage d'un ruisseau, non pour les arroser, mais pour abreuver les hommes et les bestiaux. Si on labouroit les croupes des montagnes, on augmenteroit le travail, et l'on dégraderoit promptement les terres. -- Je doute fort que le *terrain des environs du Cap soit saumâtre*. Cette terre sablonneuse a dû être lavée depuis bien des siècles.

CXXXV.ᵉ Obs.

P. 394. L'auteur répète le conte que l'on fait au Cap, de la manière dont le gouverneur Vanderstel reconnut la bonté du terroir de Constance pour un vignoble. Voici ce que j'écrivois à ce sujet, en 1775, à l'auteur de l'Histoire Philosophique. J'ai oui dire ici (au Cap) et même à un homme instruit, que ce Gouverneur avoit jugé par le goût et par l'odorat, de la qualité particulière des terres de Constance, qui donnent le vin muscat si renommé Il est plus vraisemblable de croire, que cet agriculteur jugea de la bonté du sol, par les bois d'arbres d'argent que ce seul canton produisoit naturellement, dans les environs de Table-baie. Cet arbre d'argent, ainsi nommé, parce que ses feuilles sont blanchâtres, est un arbre médiocre, plus curieux qu'utile. Mais, comme je l'ai déja dit dans ce mémoire, un sol qui produit naturellement de beaux bois, est préjugé avec raison un sol fertile, susceptible de donner les productions propres au climat.

CXXXVI.ᵉ Obs.

P. 396. « On trouve aussi au Cap toute » sorte de fruits, tant ceux qui sont propres « au climat, que ceux qu'on y a portés » d'Europe, excepté les groseilles que je n'ai » vues nulle part. » Ceci n'est pas exact : On ne trouve point au Cap *toute sorte de fruits* ; les variétés de nos pommes et de nos poires n'y existent pas. Je n'y ai vu ni prunes, ni chataignes, ni marons, ni cerises ; j'ai ouï dire qu'il y avoit de ces dernières, mais en très-petite quantité, et qu'elles ne prospéroient que dans une seule exposition. Quant aux fruits *propres au climat*, je n'en connois point d'autres que l'orange et la voacausaie, qui est une espèce d'orange mandarine, et deux espèces de bulbes, qu'on appelle *pains des Hotentots*, qui ont le goût de la chataigne, et qu'on ne sert pas sur les tables. Les fruits des Indes et de la Chine n'y existent pas. Les premiers n'y réussiront jamais ; à force de soins, on a quelques ananas médiocres , et quelques bananes dans le jardin de la Compagnie. Les arbres fruitiers de la Chine pourroient y réussir , et je suis surpris que le gouvernement ne se soit pas occupé de leur transplantation. J'y ai envoyé des longanes à mon correspondant ; j'ignore quel en a été le succès.

CXXXVII.ᵉ Obs.

P. 400. Quoique le Cap soit un lieu assez sain , quoique les vivres de tous genres y soient abondans , *il arrive souvent que ceux qui sortent de l'hôpital , apportent sur les vaisseaux des maladies contagieuses qui enlèvent beaucoup de monde.* L'auteur en attribue la cause au défaut de la *libre circulation de l'air , à ce que les salles sont écrasées et trop petites* , pour le grand nombre de malades, à ce qu'ils *sont mal soignés* , au défaut *de gens instruits dans l'art de guérir.* Il voudroit que la Compagnie portât une attention particulière et sur l'édifice et sur l'administration de cet hospice. J'applaudis à ses avis, dictés par l'humanité , par la justice , par la politique elle-même , et par le patriotisme. Je les ai rappellés , pour leur donner plus de poids , en citant l'exemple des François. Lorsqu'ils ont beaucoup

de malades , ils obtiennent du Gouverneur
de les débarquer ; ils dressent , hors de la
ville , des tentes , où la circulation de l'air est
libre. Ils ont en général des chirurgiens assez
instruits ; les soins , les remèdes ; les vivres
ne sont pas épargnés , et les malades se rétablissent promptement et radicalement.

CXXXVIII.ᵉ Obs.

P. 401. *Le château du Cap de Bonne-
Espérance* , est une *bicoque* , qui ne peut
protéger la ville ni du côté de la mer , ni
du côté de la terre , et dans laquelle une
garnison ne pourroit pas faire une longue
résistance. Le château est si petit , qu'il ne
pourroit contenir que très-peu de troupes
avec des vivres. Quelques bombes le force-
roient bientôt à capituler. La plupart des
forts des Hollandois dans les Indes Orientales , pour ne pas dire tous les forts , ont
le grand inconvénient d'être beaucoup trop
petits. Il est vraisemblable , que lors de leur
construction , on ne supposoit pas qu'ils
fussent dans le cas d'être attaqués par de
grandes forces Européennes , et qu'on n'avoit
en vue que de se mettre à l'abri des attaques
des Indiens , qui n'ont aucune connoissance
de l'art des sièges , et qui ne savent pas en-

ployer utilement l'arme redoutable de l'artillerie.

C X X X I X.ᵉ O b s.

P. 402. L'auteur parle d'un petit fort que l'on construisoit, lorsqu'il étoit au Cap de Bonne-Espérance, et d'une autre grande batterie, qui porte le nom de Château-d'eau. Il ajoute : « toutes ces fortifications sont desti- » nées à protéger la rade et à prévenir les » descentes, précaution qui me paroît assez » inutile : car il est certain qu'une personne » tant soit peu instruite dans l'art de la guerre » ne tentera jamais de mettre pied à terre de » ce côté-là ».

Je pense bien comme l'auteur. Cependant il étoit à propos de s'opposer aux descentes sur le front de la ville, afin d'empêcher l'ennemi de la canonner et de la détruire, et afin de le forcer à débarquer plus loin, pour lui disputer le terrain, pour ainsi dire, pied-à-pied. La meilleure défense du Cap, c'est des troupes et des milices, si elles ont de l'énergie, de la bonne volonté et de la discipline. Pour cela il faut que le gouvernement ait su gagner leur affection, qu'il leur ait inspiré l'amour de la métropole, et qu'il les ait préparées de longue main, par des exer-

cices militaires. La compagnie Hollandoise
avoit fait tout le contraire ; elle avoit aliéné
le cœur des habitans. Aussi n'ont-ils pas fait
la moindre résistance lorsque les Anglois se
sont présentés. Triste et fatale expérience des
effets certains et constans de l'abus du pouvoir !

CXL°. Obs.

P. 142 et 143. Les allées de chênes qui divisent dans sa longueur le fameux jardin de
la Compagnie, au Cap-de-Bonne-Espérance,
étoient, en 1775, sur le retour. Le jardin national de Monplaisir, à l'Ile-de-France, l'emporte sur celui du Cap, par l'étendue du terrain, par la variété du dessein, par l'abondance et la distribution des eaux, et sur-tout
par la multiplicité, la variété et la richesse
de ses productions. Commencé en 1767, par
feu l'intendant Poivre, qui a procuré à nos
colonies les arbres à épiceries, et qui a été
une preuve que quelquefois le gouvernement
alloit chercher dans leurs retraites les hommes
de mérite, ce jardin est devenu, entre les
mains du brave citoyen Céré (a), qui en a

(a) Voici ce que j'ai dit en 1784, de cet excellent citoyen, dans un ouvrage imprimé à l'Ile-de-France : « Il

la direction depuis vingt-quatre ans, un des plus beaux jardins de la terre, et sans contredit le plus utile, le plus curieux et le plus riche qui existe.

CXLI^e. OBS.

P. 405 et suivantes. Les chevaux du Cap sont de moyenne taille. Dressés, ils sont très-bons; mais ils n'ont pas le pied aussi sûr que ceux de race d'Achem, qui sont petits et vîtes à la course.

Je ne crois pas que le lait des vaches du Cap soit *échauffant*. Les herbes croissent dans une terre sablonneuse, et ne peuvent pas être très-substantielles; d'ailleurs, il n'y en a point d'aromatiques. Au reste, ce lait doit être assez gras, puisqu'on en retire beaucoup de beurre.

En général, les légumes du Cap sont très-

» est certain que la colonie doit aux soins, à l'intelligence » et à la constance du citoyen Céré, la multiplication des » productions de ce jardin. Ce seroit manquer à la recon- » noissance que de taire les obligations que nous lui avons. » Ce vertueux citoyen, père d'une nombreuse et respec- » table famille, néglige ses habitations pour se livrer tout » entier à l'utilité publique. Cet exemple de zèle, de pa- » triotisme et de désintéressement est rare, j'en con- » viens, etc. »

beaux

beaux, mais ils ont peu de goût; ils ne valent pas ceux de l'Ile-de-France.

Je ne pense pas comme l'auteur, que la chair des moutons du Cap soit *bien meilleure* que celle des moutons d'Europe. La première a toujours un goût de suif. Il y a des moutons dont les queues pèsent jusqu'à 15 livres. On trouve la même espèce au fort Dauphin, dans le Sud de l'île de Madagascar. Elle est peu multipliée à l'Ile-de-France, et paroît ne pouvoir réussir que sur les bords de la mer. Les moutons du Cap donnent beaucoup de suif. On en fait des chandelles fort belles et fort blanches, qui servent à éclairer les habitans qui ne font point usage de bougie, quoique le pays produise un végétal dont on extrait une cire verte.

Les zèbres sont plus communs à Mozambique. Je conçois qu'il est difficile d'apprivoiser un animal sauvage. Ceux qui sont nés dans la domesticité sont beaucoup moins farouches. On en élève à Mozambique, chez les Portugais. Il seroit à désirer qu'ils fussent plus communs; car ils sont fort et vigoureux.

La multiplication des zèbres, qui seroient fort utiles à la colonie du Cap, ou même des ânes de Mascate qui sont moins sauvages, et

qui donneroient vraisemblablement une belle
race de mulets, l'introduction et la multiplication des chameaux, celles des moutons de
Cachemire qui portent la plus belle laine
connue, rendroient, avec le tems, cette colonie florissante. J'en dis autant pour Batavia, pour Malac et pour Ceylan. Cette île a
des éléphans indigènes; des chameaux seroient
plus utiles et coûteroient beaucoup moins à
nourrir.

C'est par des acquisitions du même genre,
que l'Angleterre a fait prospérer son agriculture, et qu'elle s'est enrichie. L'importation
des moutons d'Espagne et de Barbarie a rendu
ses manufactures de draps célèbres et son
commerce florissant. Depuis plusieurs années
des cultivateurs zélés et industrieux se sont
occupés en France de l'éducation et de la
multiplication des bêtes à laine de belle race;
mais aucun n'y a mis autant de soins que le
citoyen Lormoy, connu par son goût pour
l'agriculture, par ses travaux agricoles, et
par ses profondes connoissances sur l'art de
l'équitation. Il a été à Tripoly, et en a ramené
des chevaux arabes, et des moutons de grande
espèce. Il a fait plusieurs voyages en Angleterre pour le même objet. Il s'est pocuré des
taureaux et des vaches du Holstein et du

Nord-Hollande, et de l'Abyssinie, où se trouvent ceux de la plus grande race connue. Il a naturalisé sur ses terres tous ces animaux précieux, avec le plus grand succès. Il étoit au moment de recueillir le fruit de ses soins, lorsque des intrigans sont parvenus à l'en dépouiller; ils lui ont enlevé ses biens, pour se les approprier, et ils ont dispersé ses troupeaux. La ruine de ce vertueux citoyen est une plaie cruelle faite à la patrie. Quand donc arrivera le tems de la justice !...

Il y a des autruches en abondance dans l'intérieur des terres. On n'en mange point la chair, mais seulement les œufs qui sont assez bons.

Parmi le gibier cité par l'auteur, il auroit dû ne pas oublier les canards de montagnes, beaucoup plus gros que les canards ordinaires, dont la chair est noire et délicieuse. On est venu à bout de les élever dans les maisons.

Le poisson du Cap m'a paru en général assez médiocre au goût, et je ne me rappelle pas d'en avoir vu d'eau douce. « Le pays » fourmille de toutes les espèces d'insectes » qu'on trouve dans les contrées chaudes ». Cette assertion n'est pas juste. Le Cap ne doit pas être considéré comme un pays chaud.

CXLII.ᵉ Obs.

P. 408. « J'ai vu des sauterelles de toutes
» les couleurs, qui avoient plus de quatre
» pouces de long, sur un pouce de diamè-
» tre ». Ce ne sont pas les sauterelles les plus
dangereuses, parce qu'elles ne sont pas nombreuses ; mais celles beaucoup plus petites,
qui vont en troupes innombrables, et qui ra-
vagent les champs les plus verds dans un
instant, sont un véritable fléau. Nous ne
connoissons que les *martins*, espèces d'oiseaux de l'Indoustan (très-communs dans le
Bengale) que nous puissions opposer à ces
insectes. Ils s'en nourrissent lorsqu'ils sont
petits, avant que leurs ailes soient formées.
Je conseille aux habitans du Cap-de-Bonne-
Espérance de faire venir des martins de l'Inde
ou de l'Ile-de-France, et de les lâcher dans
leur colonie. Ils peuplent beaucoup ; au bout
de quelques années ils en auroient une grande
quantité, si les habitans ne les chassoient pas.

CXLIII.ᵉ Obs.

P. 409. Ce Riebeck, chirurgien en chef de
vaisseaux, qui donna à la compagnie Hollandoise des Indes le projet de former un établissement à la pointe méridionale de l'Afri-

que, étoit un homme de génie. Il falloit être
doué d'une grande pénétration pour imaginer
qu'un pays, en quelque sorte désert et naturellement stérile, pourroit donner, par la
culture, les provisions de bouche suffisantes
à l'entretien d'une colonie, et aux approvi-
sionnnemens des vaisseaux. C'est une chose
digne de remarque, que la Compagnie ait
adopté sans difficulté le projet présenté par
Riebeck, qui avoit été sur les lieux, et qui
avoit sans doute le talent de persuader. Elle
formoit alors un établissement à l'Ile - de-
France, qu'elle abandonna pour celui du
Cap. Ce qui m'étonne encore plus, c'est que
ce même Riebeck fut chargé de l'exécution.
Il est très-rare que ceux qui inventent les
meilleurs projets en recueillent les fruits. La
jalousie, l'intrigue, l'ignorance, parviennent
presque toujours à les écarter. Si leurs vues
sont adoptées, on en confie ordinairement
l'exécution à des intriguans, à des protégés,
la plupart du tems sans talens.

C X L I V^e. O b s.

P. 409 et 410. C'est en 1652 que la compagnie de Hollande a pensé à former un *éta-
blissemeut stable* au Cap - de - Bonne - Espé-
race. « Cette colonie a répondu parfaitement

» au but qu'on s'est proposé en l'établissant.
» Elle est considérée aujourd'hui comme une
» des principales possessions de la compagnie
» des Indes Orientales ».

Cette possession ne donne pas à la compagnie des revenus réels, mais elle lui est très-utile pour la relâche de ses vaisseaux. Je ne sais si elle n'eut pas mieux fait de placer son établissement à la baie de Saldaigne, qu'à la baie de la Table La première a une entrée très-étroite, qu'il eût été facile de défendre par des forts placés à droite et à gauche. En 1781, le commodor Jonhston s'empara des vaisseaux Hollandois que le gouverneur du Cap avoit envoyés dans cette baie. L'escadre Hollandoise, composée de vaisseaux de guerre, a éprouvé le même sort il y a quelques années. Comment se fait-il, qu'après l'événement arrivé en 1781, la compagnie n'ait pas pensé à faire des travaux pour défendre l'entrée de la baie ? Lorsque l'amiral Lucas fut s'y réfugier, comment n'imagina-t-il pas d'embosser un ou deux vaisseaux de son escadre à l'entrée de la baie, et de construire des batteries en fascines à droite et à gauche ?... Manquoit-on de mortiers et de bombes au Cap-de-Bonne-Espérance ? Mais l'escadre auroit dû en apporter d'Europe...

Est-ce qu'il eût été impossible de construire des fourneaux pour tirer à boulets rouges?... Si les Anglois ne manœuvroient pas mieux, ils n'auroient pas tant de succès.

J'ai proposé au ministère, à la fin de 1792, prévoyant la guerre avec l'Angleterre comme prochaine et inévitable, un projet hostile, dont le succès paroissoit infaillible s'il avoit été mis à exécution, qui auroit garanti le Cap d'une invasion, qui auroit non-seulement empêché nos ennemis de conquérir Ceylan, Malac, les Moluques, etc., mais qui, bien conduit par terre et par mer, auroit pu renverser leur puissance dans l'Indoustan. Il n'exigeoit que des moyens modiques qui étoient alors en notre puissance, et il fournissoit l'occasion de les multiplier dans tous les genres, en vaisseaux, en matelots, en troupes, en argent, en effets nautiques, en vivres, en marchandises. Des avis ultérieurs ont prouvé que les bases de ce projet étoient bien fondées. J'en ai conféré avec le comité de défense générale, où j'ai été appelé en février 1793. Les citoyens Peynières et Despinassy, membres de ce comité, qui ont été dans le secret, et l'ex-ministre Monge, partageront sans doute mes regrets, et rendront justice à mon patriotisme, et j'ose le dire, à

la sagesse de mes vues. Si elles avoient été
adoptées, l'Angleterre n'auroit pas été en
état de soudoyer l'empereur; elle auroit été
forcé de recevoir la loi, et la République, qui
auroit recueilli les trésors de l'Inde, seroit
depuis long-tems en paix avec toute l'Europe.
S'il m'étoit permis de développer ici les détails de ce projet, on reconnoîtroit que l'exécution en étoit alors facile, et les succès
comme certains. Le conseil exécutif a fini par
l'approuver; mais il n'étoit plus tems. Les
possessions des Hollandois dans les Indes
orientales ont été envahies. Les Anglois ont
continué à recueillir, sans obstacles, les trésors de l'Indoustan; ils ont même augmenté
leur commerce, de celui que les Hollandois
et les François faisoient dans les mers de
l'Asie. Des moyens aussi puissans leur ont
donné une influence dangereuse dans le con-
tinent; et la paix, que l'humanité réclame,
est encore éloignée!

C L X V.ᵉ Oᴮ s.

P. 410. « Uu grand nombre de protestans
» réfugiés de France, en 1685, pour cause
» de religion, contribua beaucoup à peupler
» cette Colonie naissante et à la défricher. »
Il est très-vrai que quelques protestans fran-

çois se sont réfugiés au Cap, mais le nombre n'en a pas été considérable. Ce que nous appelons, nous autres François, *la petite Rochelle*, n'est autre chose qu'un très-petit quartier de Colons, de l'autre côté de Table-baie. Il est composé d'une trentaine de maisons. On ne peut pas, ce me semble, donner le nom de bourg à des métairies rassemblées dans le même lieu, près les unes des autres. J'ai vu de la rade, et de la montagne de la Table, cette petite Rochelle.

C L X V I.ᵉ O b s.

P. 411. « La Colonie s'étend de jour en « jour d'avantage, de sorte qu'on trouve, à » ce que m'ont dit des gens dignes de foi, des » cultivateurs à plus de deux cents lieues » dans l'intérieur des terres, à qui il faut un » mois pour se rendre de leurs habitations » au Cap, avec leurs voitures attelées de » bœufs. »

Combien de déserts y a-t-il entre les habitations ? Combien de lacunes incultes ? Si tout le pays, dans cet intervalle de deux cents lieues, étoit cultivé, et par conséquent habité, ce seroit un royaume que cette Colonie-là. Cependant elle n'a que quarante à quarante-cinq mille esclaves environ, la plu-

part Malais , race d'hommes peu robustes et
très - paresseux. La Colonie du Cap doit l'a-
bondance de ses productions à la grande
quantité de ses troupeaux indigènes , à la
facilité de mettre en culture et de labourer
un sol sablonneux , qui ne produit naturellement que des bruyères et des pâturages ,
et au travail des Hotentots qui se louent au
service des Hollandois. Il ne me paroît guère
possible que cette Colonie prenne jamais un
grand degré de forces et de richesses , parce
que le sol est en général naturellement stérile. Les Colons se sont fixés dans les terrains
cultivables , à proximité des bois et de l'eau
qui sont rares , de sorte que les habitations
ne sont pas contigues. Plus elles s'éloignent
de la ville , plus les transports des denrées
deviennent difficiles et coûteux. Il n'y a point
de grandes routes , et il faut traverser bien
des montagnes, pour venir à Table-baie, de
deux cents lieues. Ceux qui se sont fixés si
loin , veulent sans doute être solitaires , ou
plutôt indépendans : car ils ont peu ou point
de relations avec les habitans de la ville. Ils
ne font des récoltes que pour leur propre
subsistance. On concevroit difficilement comment des hommes qui ont goûté les dou-
ceurs de la vie civile , peuvent s'isoler ainsi

volontairement de toute societé, et trouvent des charmes à vivre seuls, au milieu des bois sauvages, qui ne donnent aucun fruit agréable, si on ne connoissoit l'amour inné chez les hommes pour l'indépendance.

CXLVII.ᵉ Obs.

P. 412. « Le prix ordinaire d'un appartement est d'un Rixdaler par jour, pour chaque personne. » Le Rixdaler vaut les quatre cinquièmes d'une piastre gourde. L'auteur entend que dans ce paiement la nourriture est comprise, avec le vin blanc du Cap, qui n'est pas du goût des François. Ceux-ci paient toujours une piastre par jour, et ordinairement boivent du vin de Bordeaux, qu'ils font descendre de leurs vaisseaux. Le pain est fort blanc, mais il est ordinairement mat et un peu lourd, parce que les Hollandois ne savent pas boulanger. Au reste, pour cette somme, on a le logement, à déjeûner, à dîner et à souper, avec abondance.

CXLVIII.ᵉ Obs.

P. 413 et 414. Les Colonies sont exposées au fléau de la petite vérole, qui y fait toujours des ravages affreux, et qui retarde leurs progrès. L'auteur raconte que cette cruelle

ma'adie a affligé trois fois le Cap de Bonne-
Espérance et y a moissonné beaucoup de
monde. L'île de France, qui est moins ancienne a éprouvé quatre fois ce fléau meurtrier.

Il me semble que le législateur devroit,
pour le bien de l'humanité, obliger tous les
habitans à inoculer leurs enfans en bas âge,
et que l'administration devroit envoyer dans
les Colonies des médecins inoculateurs. Cette
opération préservative est encore plus sûre,
si je puis m'exprimer ainsi, dans les pays
chauds qu'en Europe, et n'exige pas les
mêmes précautions. Un régime convenable
et de l'exercice, c'est à-peu-près tout ce
qu'il faut.

C X L I X'. O b s.

P. 415. Une chose assez singulière, c'est
que la piastre d'Espagne vaut au Cap neuf
escalins, tandis que l'écu de six francs de
France, qui a une valeur intrinsèque plus
forte, n'y vaut que huit escalins. Il n'y a
point au Cap d'hôtel des monnoies, point
de changeurs, point d'orfèvres, point de
banquiers.

L'administration de cette Colonie relève
directement d'Europe : aulieu que tous les
établissemens Hollandois des Indes Orien-

tales., relèvent directement de Batavia. La première est seulement astreinte à envoyer dans cette capitale un double des comptes qu'elle adresse en Europe , à la chambre des directeurs de la compagnie Hollandoise. On ne doit pas être surpris d'après cela , si les monnoies ont au Cap des valeurs nominales, différentes de celles qu'elles ont à Batavia.

« Les ducatons d'argent, qui valent aux » Indes quatre-vingt sols, ne sont reçus au Cap » que pour soixante-douze sols... Les roupies » de Batavia , de Surate et du Bengale sont à » vingt-quatre sols ». Il n'y a point de roupies de Batavia ; on n'y bat point monnoie. L'emploi du fiscal , dit l'auteur, est de veiller au commerce interlope. Ce magistrat a l'inspection des douanes ; il est en même-tems chargé de la police. Sa place , après celle du gouverneur , paroît être la plus importante et la plus lucrative. Je l'ai vu occupée par un homme très-honnête et très-affable, dont les étrangers avoient autant à se louer que les nationaux.

CL. OBs.

P. 416. Les punitions sont ici fort rigou- » reuses, sur-tout pour les délits que peuvent » commettre les esclaves orientaux ».

Tous les esclaves du Cap sont orientaux,

Il y a des Madécasses, quelques Mosambiques, peu d'Indiens, et beaucoup de Malais, et des Créoles de ces différentes castes. La politique a dicté cette grande sévérité envers les esclaves.

« En 1768 j'en ai vu punir un qui avoit in-
» cendié une maison. Après qu'on lui eût
» arraché la chair en huit endroits différens
» du corps avec des tenailles rouges, il fut
» roué vif, sans donner le moindre signe de
» douleur pendant tout le tems de cette cruelle
» exécution, laquelle dura plus d'un quart-
» d'heure. On y condamne aussi les criminels
» au supplice du pal ». Les pays où les punitions sont les plus cruelles n'ont pas l'avantage d'être ceux où les délits sont les moins
communs. Il semble que l'homme devienne
plus féroce en proportion de la cruauté des
châtimens. Si le législateur veut donner au
peuple des mœurs douces, il doit avoir pour
principe de lui imposer des peines qui affectent plus la sensibilité morale que la physi-
que, ou qui consistent dans des privations,
ou qui attaquent la fortune des coupables.

DESCRIPTION

DESCRIPTION

De la culture du riz dans l'Asie, et d'une nouvelle méthode de cultiver le blé.

L'AGRICULTURE, le premier de tous les arts, qui les fait tous fleurir, qui donne la vie et l'aliment au commerce, et qui tient d'eux son encouragement et sa prospérité, l'agriculture est encore éloignée chez nous du point de perfection qu'elle semble avoir atteint chez d'autres peuples.

La population, la civilisation, le bonheur de la société tiennent aux progrès de cet art. Plus l'agriculture est florissante, plus elle nourrit d'hommes. L'existence qu'elle leur procure augmente la population. L'occupation qu'elle leur fournit les attache au sol qu'ils cultivent. Le sentiment qu'elle inspire du droit de propriété, qui fait la base du contrat-social, a donné naissance à cette maxime fondamentale de toute association, de ne pas faire à autrui ce que nous ne voudrions pas qui nous fut fait. Le besoin que les agriculteurs sentent qu'ils ont les uns des autre établit en-tr'eux des rapports qui polissent leurs mœurs. Les jouissances sans nombre qu'elle procure disposent l'homme à se soumettre au joug et à l'empire des lois, qui assurent son exis--tence, sa propriété, les fruits de son travail et son bonheur.

Le philosophe observateur qui voit par ses propres yeux et qui ne se laisse point éblouir par des assertions erronnées, recon-noit que la France, avec ses vingt-cinq ou trente millions d'habitans, est bien éloignée du point de prospérité qu'elle peut attein-dre, et que vu l'étendue et la fertilité de son sol, elle pourroit nourrir une population de 80 à 100 millions d'habitans, si l'agriculture étoit perfectionnée et si elle avoit les bras qui lui manquent (a).

_____

(a) « La France, a dit un auteur célèbre (Etudes de la
» Nature, tome 1, page. 518, édition de Paris, 1784)
» nourriroit peut-être quatre fois plus de peuple qu'elle
» n'en contient, si elle étoit, comme la Chine, divisée en
» un grand nombre de petites propriétés. Il ne faut pas
» juger de sa fertilité par ses grands domaines. Ces vastes
» terres désertes ne rapportent que deux ans l'un, ou tout
» au plus deux sur trois. Mais de combien de récoltes et
» d'hommes se couvrent les petites cultures » ! Je suis
bien-aise d'étayer mon opinion de celle d'un homme éclairé

L'attention

L'attention de la législature et du gouvernement doit donc se porter essentiellement sur la perfection et sur l'extension de l'agriculture, source des vraies richesses, de la population et du bonheur des sociétés, et de la puissance des états. C'est vers ce but que les amis de l'humanité doivent diriger leurs travaux.

Pour l'atteindre, nous avons plusieurs moyens. Mon objet n'est pas de détailler ceux qui dépendent de la législation et du gouvernement. Ils ont été exposés par beaucoup d'écrivains qui ont traité, en hommes d'état, les matières *politico-agricoles*.

Je ferai seulement remarquer, que c'est en fouillant dans l'antiquité, qui avoit des cultures et des pratiques, dont l'usage et la tradition se sont perdus; c'est en étudiant les méthodes des différens peuples de la terre, et sur-tout de ceux dont la civilisation remonte aux temps les plus reculés, c'est en multipliant les essais dans tous les genres, que nous parviendrons à connoître des procédés favorables aux progrès de l'agriculture et des arts qui en dépendent. Le soin

dont je ne connoissois pas

merce pourra aussi étendre la sphère de nos
connoissances, et doit nous enrichir des
découvertes qu'il fera chez les peuples les
plus éloignés, non seulement dans leurs pratiques agricoles et industrieuses, mais encore
par les transplantations des plantes utiles qui
croissent dans un autre hémi-sphère, et qui
peuvent être naturalisées en France. C'est à
lui que nous devons déjà l'introduction de
plusieurs arts en Europe, et de quantité de
végétaux précieux.

Par une suite des mêmes vues, j'ai enrichi
la Colonie de l'île de France, que j'ai habitée
long-temps, d'une grande quantité de plantes
exotiques, dont l'énumération seroit ici su-
perflue, et qui contribueront à ses jouissances et à sa prospérité. J'en ai aussi envoyées à Cayenne, aux Antilles, à Bombay,
à Surate, à Pondichéry, au Bengale, à Batavia, à la Chine, au Cap de Bonne-Espérance,
à Madagascar; et l'on suppose bien que je
n'ai pas oublié la France dans mes envois.
Ces échanges des productions d'un pays contre celles d'un autre, ne peuvent qu'être
utiles à leurs habitans, et seroient beaucoup
plus multipliés qu'ils ne le sont, si l'amour
de l'humanité étoit plus général. Les hommes, au lieu de se détruire réciproquement

seront-ils enfin animés du désir mutuel de se faire du bien !...

Mes voyages dans différentes contrées de l'Asie m'ont mis à portée d'observer les pratiques agricoles des peuples que j'ai visités. La culture du grain qui fait la base de leur nourriture, a sur-tout fixé mon attention. Je vais rendre compte des différentes espèces de riz que l'on cultive dans l'Asie, et des méthodes adoptées par quelques peuples, de faire croître et prospérer cette plante précieuse, qui nourrit un bien plus grand nombre d'hommes que le blé.

On verra combien l'industrie des habitans de la côte de Coromandel s'est élevée au-dessus de celle des autres peuples qui n'ont pas encore adopté la même culture; et l'on reconnoîtra qu'indépendamment de toutes les preuves que la religion des premiers, leur astronomie, leurs monumens fournissent de leur haute antiquité, l'avancement de l'agriculture chez eux en est une nouvelle, aussi frappante, de l'antiquité de la civilisation des Indous.

Si les Chinois ont adopté une méthode de culture semblable, ils la doivent vraisemblablement aux connoissances qu'ils ont prises chez les Indiens, dans les voyages qu'ils faisoient autrefois à la côte de Coromandel, où ils ont laissé des monumens qui subsistent encore aujourd'hui dans leur entier. Les tours de Naour, près de Négapatan, les seules de ce genre que l'on connoisse dans tout l'Indoustan, attestent par leur forme, qu'elles ont été construites par des Chinois, sur le modèle de celles de leur pays, et confirment la tradition qui assure que les navigateurs de cette nation fréquentoient autrefois cette côte.

Je commencerai par décrire les trois espèces principales de riz que je connois ; ensuite j'exposerai succinctement les faits relatifs à la culture de ce gramen, chez différens peuples de l'Asie ; enfin je proposerai d'appliquer une partie de leur méthode à la culture du blé. Je tâcherai de prouver qu'elle mérite d'être essayée, et j'en détaillerai les avantages dans le cas du succès ; mais dussent mes efforts être infructueux, ils auront réveillé et excité l'industrie. Ils apprendront qu'il existe de temps immémorial, chez le peuple le plus ancien de la terre, des pratiques agricoles, bien supérieures à celles usitées dans toute l'Europe ; ils donneront peut-être naissance à des essais qui feroient vraisemblablement éclore des découvertes utiles : heureux s'ils sont suivis d'un succès constaté par l'expérience , et qui changeroit le système agricole de la France, et même celui de toute l'Europe.

Je diviserai ce mémoire en deux parties. Dans la première , je traiterai de la culture du riz en Asie ; dans la seconde , je ferai l'application de cette méthode à la culture du blé , en empruntant de la première les pratiques qui peuvent convenir à la seconde.

M 3

PREMIÈRE PARTIE.

CULTURE DU RIZ DANS L'ASIE.

JE ne ferai pas la description du riz. On sait que cette plante est de la classe des graminées, et qu'au lieu d'un épi, elle porte un panicule. A cela près, elle ressemble si bien au blé, avant sa floraison, qu'on peut s'y méprendre. Cependant elle a la tige et les feuilles un peu plus fortes, plus larges et plus longues.

Ce grain qui forme la nourriture de la plus grande partie du peuple de l'Asie, peut être divisé en trois espèces principales; le riz-aquatique ; le riz-sec et le *riz-pérenne*.

Le riz-aquatique est le plus cultivé. On inonde le champ dans lequel il végète, ou bien on l'arrose tous les jours par immersion.

Le riz-sec est ainsi nommé, parce qu'il n'exige pas d'arrosemens. Il a cependant besoin de l'eau du ciel. Il ne réussiroit pas dans une exposition où les pluies sont rares, et il donne des récoltes plus abondantes dans les années où les pluies sont fréquentes.

Le *riz pérenne*, ainsi nommé parce qu'il est vivace, veut un terrain humide ou bien arrosé (*a*).

Le riz aquatique et le riz sec ont beaucoup de variétés ; le premier plus que le second. Elles se divisent en deux principales ; l'une a des barbes couleur de paille, ou noires ; l'autre n'en a pas. La forme, la grosseur et la couleur des grains établissent des variétés très-nombreuses.

Au reste, les deux plantes se ressemblent parfaitement, et l'œil ne peut trouver aucune différence entre ces deux espèces de grains. Il n'en est pas de même du riz pérenne comme nous le dirons bientôt.

Le riz précoce est une variété très-interessante du riz aquatique. On en doit l'acquisition à l'empereur *Can-hy*, bisaïeul de celui qui est actuellement sur le trône de la Chine. Il remarqua, dans un champ de riz de ses domaines, une touffe beaucoup plus avancée

_____

(*a*) Je ne connois pas une espèce de riz particulière au Pégou, qui est très-estimée, et qui se convertit en gelée par la cuisson. Ce riz est sans doute plus mucilagineux que tous les autres.

M 4

que toutes les autres. Il en fit récolter les
tiges et cultiver les graines à part. Cette espèce s'est multipliée dans tout l'empire. Ainsi
il doit à la sage prévoyance de *Can-hy* un
riz précoce qui prévient ses besoins dans les
cas de disette. Cette acquisition est bien plus
précieuse que ne seroit la conquête d'une nouvelle province ; car celle ci n'ajouteroit rien
aux jouissances du peuple, et l'autre fournit
à sa subsistance, dans des circonstances où il
en manqueroit, s'il n'avoit pas une récolte
précoce. J'ai cité cette anecdote, pour engager les cultivateurs de l'Europe à donner ha-
bituellement à leurs champs de blé, et même
à toutes leurs plantations, un coup-d'œil
d'observation, afin de découvrir les variétés
heureuses que produit la bienfaisante nature,
de les multiplier et de les propager. Cette attention paroît bien simple ; elle a cependant
échappé à feu Duhamel du Monceau. Voici
ce qu'il dit dans les Elémens d'Agriculture,
liv. 1, chap. 1, pag. 3. « Je préviens encore
» que je ne ferai aucune attention à quelques
» événemens rares ; par exemple, je regar-
» derai l'orge comme une plante annuelle,
» quoique j'en aie vu un pied vigoureux,
» d'où après la moisson s'élevèrent de nou-
» velles tiges qui subsistèrent l'hiver, et pro-

» duisirent des épis dans la seconde année ».
Si Duhamel avoit récolté cette orge, s'il l'eût
cultivée à part, la France auroit à présent
une espèce d'orge bisannuelle, ou peut-être
vivace, et vraisemblablement hâtive.

Le citoyen Liancourt la Rochefoucault parle
d'une espèce de riz que je ne connois pas.
(*Voyage dans les Etats-Unis de l'Amérique*, second vol. pag. 155). « Les Indiens,
» dit-il, apportent dans le mois de septem-
» bre, à Kingston, du riz sauvage qui croît
» sur les rives du lac, et particulièrement
» sur la côte américaine... Le grain en est
» plus petit, plus noir que celui de la Caro-
» line et de l'Egypte, mais il se blanchit aussi
» parfaitement à l'eau ; il a le même goût et
» nourrit aussi bien... On dit que le riz sau-
» vage est la même plante que les Canadiens
» nomment *folle-avoine* ». — J'ai cité, dans
mon *Voyage à Canton*, page 127, le rapport du citoyen *Bossu*, dans son livre intitulé : *Nouveaux voyages dans l'Amérique
septentrionale.* Il dit, page 115, que les
marais et les lacs du pays des *Akanças*, le
long du fleuve du Mississipi, sont couverts de
folle-avoine, qui s'élève en touffe au-dessus
de l'eau ; que les sauvages en font chaque année d'abondantes récoltes ; qu'ils réduisent

ce grain en farine, en le pilant dans un mortier. Il ajoute, *nous en mangeâmes en crêpe et en bouillie que je trouvai très-bonne et très-rafraîchissante.* Il ne donne aucune description de la plante et du grain, desorte qu'on ne peut pas savoir si la folle avoine du Mississipi est la même herbe que celle qui porte le même nom chez les Canadiens. Comme l'une vient dans l'eau, et l'autre en terre sèche, et que les deux climats sont différens, je conjecture que ces graminées ne sont pas les mêmes. Si la folle avoine du Canada est une espèce de riz, elle diffère sans doute de toutes celles que nous connoissons. Le citoyen Liancourt propose de la naturaliser en France, où il suppose avec raison qu'elle réussiroit.

Dans l'Indoustan, la même terre donne annuellement deux récoltes de riz aquatique; l'une qu'on nomme la grande et qui est la plus abondante; l'autre la petite. Aussi le riz aquatique est-il celui dont la culture est générale dans l'Asie; il rapporte beaucoup plus que l'autre.

Les Indiens de la côte de Coromandel plantent le riz par rayons dans une pépinière, dont ils ont préparé la terre par un labour; ils ont soin de l'entretenir humide. Ce grain tant

comme le blé. Lorsque les tiges ont environ
six pouces de hauteur, ils les enlèvent de
terre, ils les séparent, ils coupent les feuilles, ils rafraîchissent les racines, et les transplantent une à une dans un champ labouré
une seule fois, médiocrement fumé et humecté.

Ce doit être un sujet d'étonnement pour
les Européens de savoir que les Indiens transplantent tige à tige une herbe que l'on peut
comparer au blé.

La culture du riz aquatique n'est pas la
même dans tout l'Indoustan.

Les peuples des côtes de Coromandel,
d'Orixa, de Malabarre et de l'île de Ceylan
transplantent chaque tige de riz dans un
champ préparé, ensuite ils y conduisent l'eau,
et le tiennent submergé, jusqu'à ce que le
grain soit formé.

Pour cet effet, ils ont des machines très-
simples qu'on nomme *picotes*, et qui sont
placées auprès d'un espèce de puits formé
dans la terre qu'ils ont simplement creusée,
où viennent se réunir les eaux du terrain, ou
bien celles d'un étang voisin, ou même d'une
rivière. Ces picotes ne sont autre chose que
deux poteaux fixés en terre solidement, très-
près l'un de l'autre, dans le haut desquels

est un levier attaché avec une corde aux
deux tiers environ des poteaux. Ils ont des
crénelures du bas en haut, pour qu'on puisse y
monter et en descendre avec facilité. Le levier
est fait ordinairement d'un palmier fendu en
deux. Ce bois est extrêmement léger : on s'en
sert aussi dans ce pays pour les couvertures
des maisons, soit comme chevrons, lorsqu'elles ont un toit, soit comme poutrelles,
lorsqu'elles sont en terrasse. Ce levier est attaché aux poteaux vers les deux tiers environ
de sa longueur. A sa partie inférieure est sus-
pendue une corde, au bout de laquelle est
un panier fait ordinairement avec les tiges de
l'*itchapalon*, palmier qui ne s'élève pas haut,
et qui donne une très-grande quantité de ra-
meaux très-souples. Ce panier est destiné à
prendre l'eau du puits et à la verser dans le
champ voisin. Souvent on le garnit de peaux
en dedans, souvent il n'en a point ; alors il
laisse couler dans le puit une grande partie
de l'eau qu'il contient ; mais peut-être seroit-
il trop lourd s'il ne se vidoit pas en partie.
Un homme placé près du puits enfonce le
panier dans l'eau, et dit à chaque fois, en
chantant, le nombre des paniers, 1, 2, 3, 4,
5, etc. Ce nombre indique à son camarade,
perché sur le levier, que le panier est plein ;

alors celui-ci, pour faire monter le levier, et
par conséquent le panier, et l'eau qu'il contient, marche sur la partie la plus petite et
la plus haute du levier, en s'appuyant de la
main sur l'un des poteaux ; et par le poids de
son corps, il fait élever l'autre extrémité du
levier; il répète, en chantant, le nombre indiqué par son camarade, qui verse dans le
champ l'eau du panier, lorsqu'il est à la
hauteur requise. Cette opération se répète
soir et matin tous les jours.

Les Indiens ont formé de grands étangs et
de vastes bassins, d'un travail immense, au
pied des montagnes, où se rassemblent les
eaux dans le tems des pluies, et lorsque les
rivières sont gonflées. L'eau de ces réservoirs
sert à arroser les champs dans le tems des sécheresses.

Tous ceux où le riz a été transplanté
sont divisés par carrés qui ont tous une berge
à l'entour. Les Indiens y pratiquent une ouverture, avant de commencer les arrosemens, pour que l'eau passe d'un carré à
l'autre ; ils la ferment ensuite, lorsque le
terrain a de la pente. Il est bon de savoir
qu'à mesure que le riz croît et s'élève, la
hauteur de l'eau est augmentée dans la même
proportion, et que les champs de riz ont

l'apparence d'un étang qui seroit peuplé de
plantes. »

« Pendant tout le temps de la croissance du
riz, il y a peu de pluies à la côte de Coromandel. Elles y sont périodiques et manquent
rarement. Cependant les pluies sont rares
dans quelques années au Bengale : alors le
Gange, fleuve aussi fameux et peut-être plus
considérable que le Nil, n'a pas une assez
grande quantité d'eau, pour l'arrosement des
terres ; il y a disette et quelquefois famine
sur ses bords ; mais l'on a remarqué que dans
le même temps, les pluies étoient plus abondantes qu'à l'ordinaire, dans les Gattes, fameuse chaîne de montagnes qui séparent la
côte de Coromandel de la côte Malabarre,
et où prennent leurs sources toutes les rivières
qui arrosent ces deux côtes. Il en résulte que
la récolte du riz est très-abondante aux côtes
de Coromandel et d'Orixa, et qu'elles en
fournissent au Bengale. Lorsque les pluies
manquent dans les Gattes, elles sont très-
abondantes dans le haut du Gange. C'est
alors le Bengale qui fournit des vivres aux
côtes de Coromandel et d'Orixa.

« J'ai dit qu'il y avoit dans l'Indoustan une
autre méthode de cultiver le riz. Depuis le
10e. degré de latitude et au-delà, on sème le

riz dans une terre qui n'a reçu qu'un seul
labour, et qui a été engraissée avec du fumier de bestiaux mêlé avec du sel. On arrose
la terre soir et matin, en faisant couler de
l'eau dans le champ, qui a un peu de pente.
Cette méthode diffère de la première, en ce
que le riz n'est pas transplanté et qu'il ne
végète pas dans l'eau.

Au Pégou, on sème le riz dans un carré
de terre arrosé, et on le transplante brin à
brin dans des champs, où l'on a soin d'entretenir un volume d'eau proportionné à la hauteur de la plante. On voit par-là que les
Pégouans suivent à-peu-près la même méthode que les Indiens de la côte de Coromandel. Les deux peuples ont eu de temps
immémorial des liaisons de commerce qui
existent encore. Il y a lieu de croire que les
Indiens ont été les instituteurs des Pégouans,
en fait d'agriculture. Les premiers ont eu
une civilisation plus ancienne et plus perfectionnée que les seconds. Tout atteste cette
vérité, même dans l'état actuel des deux
pays.

Dans la presqu'île de Malac, et à Sumatra,
où les Malais ont porté leurs mœurs et leur
industrie, on suit la même méthode.

Les Siamois sèment le riz dans les champs

qui sont arrosés périodiquement par les eaux de leurs rivières. Ils ne donnent aucune culture à la plante, aucune préparation à la terre, et cependant ils font des récoltes abondantes.

On prétend qu'ils cultivent du blé sur les hauteurs, et qu'ils l'arrosent de temps en temps, au moyen des réservoirs, où ils rassemblent l'eau des pluies, parce que dans la saison sèche, l'air est brûlant.

Dans le Bengale on sème le riz, et l'on tient les champs couverts d'eau. On ne transplante que les tiges qui sont trop touffues, dans les espaces qui en manquent.

A la côte Malabarre, on le transplante, comme je l'ai dit, mais on y suit une méthode particulière pour engraisser les terres. La mer rejette sur le rivage, dans une saison de l'année, une quantité considérable de sardines, que l'on répand sur les terres destinées à la culture.

A la Chine, dans les provinces Méridionales, on cultive le riz et on le transplante. On a soin d'arroser les rizières, ou plutôt d'y entretenir l'eau, au moyen des écluses que l'on ouvre, et que l'on ferme à volonté. Ce peuple industrieux a creusé des canaux qui répandent l'eau des rivières dans les campagnes

pagnes

pagnes. Il recueille dans des réservoirs pratiqués à différentes hauteurs, les eaux des pluies qui coulent des montagnes, et il a su faire des machines, au moyen desquelles il élève les eaux sur les collines et sur les montagnes elles-mêmes disposées en amphithéâtres.

Dans la province de Canton, arrosée par le Tigre, fleuve très-considérable, les eaux de la mer remontent jusqu'à la ville de Canton, éloignée de trente lieues de son embouchure. L'eau du Tigre est donc un peu salée. Elle n'en est pas moins bonne pour l'arrosement des champs de riz; car les habitans de certaines parties des côtes de Coromandel et d'Orixa mêlent du sel avec le fumier des bestiaux, dans la persuasion que le sel est un engrais convenable au riz (a).

(a) Le citoyen la Rochefoucault-Liancourt, qui vient de donner un voyage bien intéressant dans les États-Unis de l'Amérique, dit, dans le quatrième volume, page 207 : « Les terres de la Basse-Caroline du Sud, sont aussi divi-» sées en swamps, en marais et en terres hautes. Les » swamps sont de deux espèces, ceux arrosés par la » marée, et ceux arrosés par les eaux douces; les uns » et les autres sont particulièrement employés à la cul-» ture du riz et à celle du chanvre... Les swamps, avant

Chaque année fournit à la Chine deux récoltes de riz produites constamment par les mêmes champs, auxquels on donne un peu d'engrais, et qui ne reçoivent d'autre labour que celui du piétinement des Buffles, (a) qu'on y fait passer, pour enterrer le chaume, pendant que la terre est dans l'état de boue. Les mêmes Buffles employés de la même manière, sont chargés du soin d'enterrer le grain qu'on a semé à la volée.

Les famines auxquelles cet empire est sujet sont dues aux sécheresses, ou aux débordemens des rivières, occasionnés soit par des pluies trop abondantes, soit par les typhous, qui soufflant du large, élèvent les eaux de la mer sur les côtes, gonflent les rivières, occasionnent leur débordement dans les champs et inondent le riz, d'autant plus que pendant la tempête, les pluies sont excessives. Lorsque les typhons soufflent de terre, le même désastre n'a pas lieu.

» d'être défrichés, produisent des cyprès, des pins et des » roseaux ». L'auteur ne dit pas quels sont les swamps les plus productifs.

(a) Il seroit facile et très-avantageux d'introduire en France un animal aussi utile et de l'y multiplier. Il convient mieux que le bœuf aux pays marécageux que l'on voudroit mettre en culture.

On cultive aussi le riz, dans des provinces
plus septentrionales; et on y fait deux récoltes
par an ; on engraisse le terrain avec des
immondices, avec les excrémens humains ,
avec toutes les matières végétales et animales
susceptibles de putréfaction , avec des os
brûlés. On transplante le riz brin à brin,
et on arrose les champs avec l'eau des rivières.

Au Tonkin et à la Cochinchine , le riz
aquatique est transplanté de même , et les
champs où il croît sont tenus couverts d'eau.

On y cultive aussi le riz-sec , sur les montagnes ; il est beaucoup plus estimé que l'autre , mais la récolte n'en est pas à beaucoup
près aussi considérable que celle du riz-
aquatique.

A Madagascar , on cultive le riz-aquatique et le riz-sec ; le premier dans les plaines ,
le second sur les montagnes. Ce dernier est
préféré à l'autre , non-seulement parce qu'il
est plus rare , mais encore parce qu'il a meilleur goût et qu'il est plus nourrissant. On ne
le sème pas, mais on le plante grain à grain ,
dans des trous faits exprès , avec des piquets pointus de bois , durcis au feu. Dans
quelques parties de Madagascar , le riz-aquatique se plante grain à grain de la même manière , après une ou deux pluies abondantes ,

dans une terre qui n'a reçu d'autre préparation,
que celle de brûler les herbes, les buissons,
les bambous qui s'y trouvent en quantité. On
ne l'arrose point, on la fume point. Les pluies
du ciel qui sont très-fréquentes, et les in-
flueces d'un soleil très-ardent, procurent
des récoltes assez abondantes.

Dans d'autres parties, on fait passer des
troupeaux de bœufs et de vaches, dans des
marais. Leur piétinement enfouit les herbes
qui pourrissent; ensuite on égalise le terrain
assez grossièrement et on y sème le riz:
après quoi, on y fait passer des troupeaux
pour enterrer le grain.

Cette méthode est la même que celle des Chinois. Il ne paroît cependant pas vraisemblable
que les deux peuples aient jamais eu aucune
relation entr'eux. Si les Chinois sont une
Colonie Egyptienne, comme on l'a avancé,
alors il se pourroit que la même méthode eût
la même origine. On trouve à Madagascar des
hommes qui y font une race distincte, qui
sont d'origine Arabe, et dont les ancêtres
sont venus de la Mer-Rouge, dans cette
île (a).

(a) On les nomme Rohandrians. Ils habitent la partie

Quoiqu'il en soit, les pluies qui surviennent à Madagascar, font croître le riz, et

du sud de Madagascar. Ils ont conservé des traditions qui prouvent leur origine.

Ces Arabes ont semé à Madagascar des notions du mahométisme, ont fait connoître aux Insulaires quelques pratiques de médecine, et leur ont appris l'écriture. Dans l'état d'ignorance et de rusticité où ils étoient, ils ont regardé les nouveaux venus comme des êtres supérieurs à eux ; ils les ont placés dans l'opinion, et dans les priviléges qu'ils leur ont accordés, au-dessus des *Lahoyits*, qui formoient la noblesse du pays, et les ont reconnus volontairement pour leurs chefs. Vingt - quatre familles de Rohandrians, établies au Fort - Dauphin, gouvernoient le pays depuis quelques siècles ; mais, en 1774, il s'est fait une révolution qui a rétabli le peuple dans ses droits. Il s'est assemblé spontanément, et il a décidé de ne plus reconnoître les Rohandrians pour ses chefs ; il les a appelés ; il leur a fait part de sa délibération, et leur a laissé toutes leurs propriétés. En même-tems, il a décidé qu'il ne vendroit plus d'esclaves aux Européens. Cette insurrection s'est faite avec une sagesse et une modération qu'on ne devoit pas attendre d'un peuple agreste, qui est plongé dans la plus grande ignorance. La révolution n'a pas coûté une goutte de sang. Il est vrai que les Rohandrians se sont soumis sans la moindre opposition ; ils ont encore aujourd'hui la considération que donnent par tout les richesses ; elles consistent en meubles, en armes, en esclaves, et surtout en bijoux ; en troupeaux de bœufs et de moutons, mais non en terres. Comme le pays n'est pas peuplé, à

entretiennent l'eau dans les marais, jusqu'à
la maturité du grain: Comme elles ont cessé
quelque temps auparavant, les marais ont
alors peu d'eau; ce qui permet de faire la
récolte. Elle est ordinairement très-abondante, excepté le cas où des nuées de sauterelles sont venues dévorer le riz en herbe,
ce qui arrive quelquefois.

Le riz-sec, que ces Insulaires nomment
Varelan, se plante, grain à grain, sur les
montagnes comme nous l'avons dit. Ils ne
donnent d'autre préparation à la terre que
de la nétoyer d'herbes; ils ne font aucun
arrosement; mais le temps de la plantation
est celui où les pluies commencent. Le riz
sec rend moins que l'aquatique; mais il est
plus savoureux et plus nourrissant. Les Made-
casses donnent trois à quatre mesures du

---

raison de son étendue, le sol appartient au premier occu-
pant; la chasse et la pêche sont entièrement libres. Qu'il
est fâcheux que les établissemens que nous avons voulu
former plusieurs fois au Fort-Dauphin et à la baie d'An-
tongil, le pays le plus mal-sain de Madagascar, n'aient pas
eu les succès qu'on s'en étoit promis, et que nous ayons été
obligés de les abandonner ! Ce n'est pas ici le lieu de
m'étendre sur ce sujet, et de rappeler les mémoires que
j'ai remis au gouvernement, dès l'année 1772, sur Madagascar.

dernier, pour une du premier, tant ils préfèrent le Varelah, au riz de la plaine.

A l'Ile de France, on ne cultive que le riz-sec. Il y en a de deux sortes; l'un qui a des barbes blanches ou noires, l'autre qui est sans barbes. On nétoie le terrain qu'on destine à cette culture, mais on ne le laboure pas, on ne le fume pas. On plante le grain en faisant un trou dans la terre avec la houe (a), vers le mois de brumaire ou frimaire, qui est celui où les pluies commencent ordinairement. Dans les quartiers de l'Ile, où les pluies sont rares, on n'y cultive point de riz, parce que cette plante demande de l'humidité. On le récolte en Germinal ou Foréal. Le riz créole est préféré à toutes les espèces qui viennent des pays étrangers, et se vend toujours beaucoup plus cher.

On cultive aussi du riz-sec dans les Gattes, sur les montagnes. Par-tout il est préféré au riz-aquatique. Il réussiroit aussi bien dans les plaines, pourvu que le sol ne fût pas marécageux, et qu'il fut arrosé souvent des eaux

_____

(a) Le citoyen la Rochefoucault Liancourt, nous apprend que dans la Caroline du Sud, le riz est planté dans les raies des sillons faits à la bêche. Il n'est point transplanté, mais on a soin de le tenir dans l'eau. (page xxx, 4°. volume).

du ciel. Dans tous les pays dont je viens de parler, on ne connoît point les Jachères. Le même champ rapporte annuellement une ou deux récoltes de riz, suivant que la température du climat le permet, ou que l'industrie des habitans est portée à un plus haut degré.

Il me reste à parler du riz-pérenne. Il a été apporté de la Cochinchine, à l'Ile de France, en même temps que le riz-sec de ce pays, par feu M. Poivre qui avoit voyagé dans l'Asie en philosophe, et qui pendant son administration a procuré à cette Colonie, où il a été intendant, l'acquisition du Muscadier et du Giroflier, et de quantité de végétaux utiles ou précieux, qui font l'ornement du jardin national, et qui contribueront à augmenter les jouissances et les richesses de la Colonie. On a prétendu que les habitans avoient laissé périr le riz-sec, par leur négligence, et on en déploroit la perte; d'autant plus que l'on supposoit que cette espèce de riz, ayant été acclimatée à l'Ile de France, pourroit réussir dans nos départemens méridionaux. Je ne sais si cette conjecture n'est pas hazardée. Le riz-sec est près de cinq mois en terre, dans cette Colonie, où les chaleurs sont beaucoup plus fortesqu'en France. Quoiqu'il en soit, nos Insulaires cultivoient, long temps avant l'introduction du riz de la Cochinchine, le riz-sec de Madagascar, le *Varclan* des montagnes, espèce qui ne laisse rien à désirer, et qui a fait vraisemblablement oublier celui de la Cochinchine : ainsi l'on peut quand on voudra essayer cette culture dans les parties de la République qui paroîtront lui convenir. Je crois même qu'elle a déjà été tentée. J'ai envoyé plusieurs fois, du riz-sec, de l'Ile de France, en France, à des curieux qui m'en avoient demandé. J'ignore quel emploi ils en ont fait, et par conséquent le résultat de leurs essais, s'ils en ont entrepris.

Le riz-pérenne ou vivace a été placé dans des marais; il s'y est conservé de lui-même, sans soins et sans culture. Le citoyen Céré, directeur du Jardin national, à qui l'Ile de France a l'obligation d'avoir propagé quantité de plantes utiles, récolte annuellement du riz-pérenne. La plante qui le produit est plus petite que les deux autres espèces. Le grain est petit, oblong. Lorsqu'il est dépouillé de sa paille, il a une couleur brune extérieurement; il la doit à une pellicule qui est adhérente au grain, et que l'on peut comparer au son du blé. Elle ne se sépare pas du grain, lorsqu'on l'expose dans un mortier aux coups

du pilon pour le monder ; peut-être faut-il
humecter le grain, et le piler ensuite, pour
en détacher le son. Au reste, ce riz qui est
blanc, lorsqu'il est net, et qui se cuit très-
facilement, est fort bon au goût. J'ignore si
les Cochinchinois en récoltent abondamment,
et s'ils lui reconnoissent des propriétés particulières.

Je ne parle pas d'une espèce de riz qui
vient au Japon, dont les Chinois font grand
cas, et que l'on transporte dans toutes les
parties des Indes Orientales. On le mange par
régal. Il est plus nourrissant que les autres ;
il a un parfum et un goût excellens ; on le
dit aphrodisiaque. Je n'ai aucune connoissance de sa culture. Il se vend par petits paquets qui pèsent environ un quart de grave.
Les grains ne sont pas entiers ; ils sont
transparens et d'un jaune pâle. Je croirois
assez volontiers que ce riz est préparé ; la
forme de ses grains, leur brillant, leur couleur, leur odeur, un peu aromatisée, semblent l'indiquer.

Le riz bien déchessé, c'est-à-dire, après
avoir été exposé au soleil pendant quelques
jours, se conserve ensuite en magasin pendant dix ans et plus ; mais il est nécessaire
que le grain soit dans sa paille. Dans cet état,

on le nomme *Nély* aux Indes. Les peuples de la côte de Coromandel creusent des espèces de puits dans la terre, dont le fond et les parois sont formés avec des briques d'une composition particulière. Ils les font avec de la terre glaise, dans laquelle ils mêlent de la paille de nély bien desséchée, et qu'ils pétrissent avec soin. Ces briques ont été cuites ; mais, en général, le feu n'a pas un grand degré d'intensité dans les fours à poteries des Indiens. Ils couvrent le puits avec un plateau d'une seule pièce, de la même composition que les briques ci-dessus, et ils enduisent les joints avec de la terre glaise. Par ce moyen, aucun insecte ne peut pénétrer dans l'intérieur, et le riz est à l'abri de toute humidité ; car ces puits sont recouverts d'un toit. Ce procédé conviendroit vraisemblablement au blé que l'on voudroit conserver long-tems, si l'on avoit l'attention de le bien dessécher avant de l'enfermer dans les puits, et si on les creusoit dans des endroits qui ne seroient pas susceptibles de contracter de l'humidité.

Les Indiens font des crêpes excellentes avec la farine du riz. Ils préparent aussi avec la même farine une espèce de vermicelle gros comme le petit doigt, qu'ils font frire dans du beurre, lorsqu'il est en pâte molle, et qui n'est pas mauvais ; mais sans entrer dans le détail de tous les mets que les Indiens préparent avec le riz, je parlerai seulement du *pory* et du riz desséché au feu. Le *pory* est du riz crevé à sec. On le met avec sa paille dans une casserole de terre sur le feu ; et par ce moyen, le grain s'ouvre ; il subit une légère torréfaction qui lui donne bon goût, et qui le rend astringent : car le riz n'acquiert cette propriété que par l'action immédiate du feu. Le riz cuit à l'eau, sans être grillé, est humectant, rafraîchissant, émollient. L'infusion, qui porte dans l'Inde le nom de *cange*, se donne aux malades en guise de tisanne, et souvent leur tient lieu de toute nourriture.

On donne aux convalescens un *bouside* : c'est une volaille qu'on a fait cuire dans de l'eau avec du riz, quelques grains de poivre entiers, de la coriandre, de la canelle, et très-peu de sel. Ce mets passe pour être restaurant. Au reste, ce qu'on appelle vulgairement le gratin, qui est un riz torréfié pendant la cuisson, est astringent. Il doit cette qualité à son état empyreumatique.

Le riz qu'on veut dessécher se met aussi dans une casserole, ou sur une plaque de métal exposée au feu ; mais il est mondé : on le remue sans cesse pendant la cuisson. Le feu doit être doux, afin que le grain ne se brûle pas. Il diminue de volume; mais il ne perd rien de ses qualités nutritives. Ce riz desséché se mange dans cet état. Il n'a besoin d'aucune cuisson, d'aucune préparation, d'aucun assaisonnement. Les Marattes, cette fameuse cavalerie de l'Indoustan, portent toujours avec eux du riz desséché, de la manière que je viens de dire. Une très-petite quantité suffit à chaque cavalier pour sa nourriture journalière. Ces guerriers, moyennant cette précaution, sont rarement arrêtés par le défaut de subsistance. Ne pourroit-on pas en Europe user du même moyen, dans certaines circonstances, pendant la guerre, et même desaécher du blé par le même procédé. Il seroit tout aussi propre à la nourriture de l'homme, et se trouveroit réduit à un petit volume (a); ce qui diminueroit considéra-

---

(a) J'ai eu la curiosité de dessécher du blé et du riz par le procédé que j'indique. Le blé étoit moissonné depuis un an; le litron a pesé dix-neuf onces, et un peu moins de seize onces après sa dessication. Le riz que j'avois depuis trois ans, et qui paroissoit très-sec, pesoit vingt-quatre onces six gros le litron. Après sa dessication, qui a été portée un peu plus loin que celle du blé ci-dessus, il ne

blement les frais et les embarras du transport.
Par ce moyen, il se conserveroit plus long-
tems. Je crois que l'on pourroit en faire du
pain, après l'avoir réduit en farine; c'est un
essai à tenter, qui mérite l'attention du gouvernement. Je ne doute pas que le blé desséché au feu ne pût être employé à la nourriture de l'homme sans apprêt, ou seulement
cuit à l'eau, comme le riz. Pendant mon séjour à l'Ile-de-France, qui a été très-long,
je me suis trouvé réduit, dans un tems de
disette, à donner du blé à mes nègres, pour
toute nourriture. Ils le lavoient, ensuite ils
le faisoient cuire à l'eau dans une marmite,
avec un peu de sel. Le blé se gonfle beaucoup, peut-être plus que le riz; il est très-
sain et très-nourrissant. Une livre et demie de
blé par jour suffisoient complétement à la
nourriture d'un adulte employé aux plus
forts travaux.

On a prétendu que les Indiens et les Chi-

pesoit plus que vingt-deux onces. L'un et l'autre ont un
peu diminué de volume, mais pas autant que je m'y atten-
dois. J'évalue la diminution à un septième environ. Les
différentes qualités de grains, leur vétusté, le degré de
cuisson qu'on leur donne, apporteront des différences dans
les résultats.

nois préparoient une liqueur spiritueuse avec
le riz. Je puis assurer que les premiers composent la leur avec une liqueur sucrée qu'ils
retirent d'une espèce de palmier. Cet arbre,
ainsi que le cocotier, donne un suc qu'ils
nomment *sour*, qui est sucré, dont ils font
une sorte de mélasse qui sert à préparer des
confitures. Ce sour, étant fermenté, a un
goût vineux, et tient lieu de vin à ces peuples.
Ils en composent aussi un vinaigre, qui est
assez fort, et qu'ils emploient à confire des
fruits du pays qu'on nomme alors *achars*,
lesquels se conservent très-bien dans cet état.
Ce Palmier et le cocotier ne croissent point
à la Chine. Il paroît constant que les Chinois
préparent une liqueur vineuse et une liqueur
spiritueuse avec le riz, et qu'ils en boivent
assez ordinairement dans leurs repas, quand
ils en ont les moyens. J'en ai parlé dans le
Voyage à Canton. Ceux de cette nation,
qui sont établis à Batavia, distillent une liqueur forte, composée de plusieurs substances, au nombre desquelles est le riz, après
l'avoir fait cuire dans l'eau. J'en ai donné la
recette détaillée, dans l'un des mémoires que
j'ai publiés à l'Ile de France, en 1781 et 1782,
sur les eaux-de-vie de sucre; et j'ai fait voir
que le riz, par ce procédé, ne contribuoit

point à la formation des esprits ardens. Si les Chinois de l'île de Java faisoient germer le riz avant de l'employer, nul doute qu'il ne fournit des esprits ardens. Ceux qui sont contenus dans l'araque de Batavia, proviennent du *sour* qu'on ajoute au mélange, et qui est une liqueur sucrée et très-fermentescible.

Les Madécasses préparent une liqueur qui est fort de leur goût. Ils nomment *rana-pangue*, ce que nous nommons le gratin du riz. Après la cuisson de ce grain, ils le retirent de la marmite ; mais ils laissent tout le gratin qui se trouve sur les parrois intérieures du vase. Ensuite ils y ajoutent de l'eau et la font bouillir pendant quelque tems. Ils boivent cette décoction mêlée avec du miel, après le dîner, en guise de café. C'est un grand régal pour eux. Dans leurs festins, il faut qu'il y ait toujours du ranapangue à prendre après le repas. Ce seroit faire une insulte aux convives, si l'on n'en donnoit pas ; elle occasionneroit des rixes.

Cette décoction est diurétique et vraisemblablement astringente.

Les Indiens se servent d'eau de riz bien cuit, pour empeser leurs toiles. Ils la nomment *cange*, et l'opération s'appelle *canger*. Cet

empois

... l'amidon ... donne ... le
lustre à leurs étoffes, en passant avec force
un gros coquillage sur les étoffes rangées,
étendues sur une table. Les Européens qui
habitent les Indes ont adopté cette méthode.

Pour dépouiller le riz de sa paille, les
Chinois et les Siamois se servent de moulins
que l'on dit ingénieux ; mais aux côtes de
Coromandel, d'Orixa, de Malabarre et dans
le Bengale, à Madagascar et même à l'Isle
de France, on n'emploie que le ... d'un
pilon pour cette opération. Elle est lente et
même coûteuse. Cent livres de riz en paille
ne représentent communément que cinquante
livres de riz blanc. Cependant elles en rendent au moins soixante. Les dix ou douze
livres d'excédent ... sont pour le prix de la
main ... le procédé qu'on emploie ...

... essayé en France ... que ... sous
de passer ... sous une meule de pierre
mue à bras d'hommes. J'ai employé à cet
effet les machines du citoyen Durand qui ont
plus de précision que les moulins ordinaires.
Ce moyen me paroit le plus expéditif de tous
ceux que je connois, pour opérer ce dépouillement ... J'ai rendu compte de ... au
ministre de la marine et à l'assemblée coloniale de l'Isle de France, en 1791 ...

O

les répéter en grand, mais je n'ai pas pu me procurer du nély en quantité suffisante.

Depuis que ce mémoire est écrit, j'ai appris, par la relation de l'ambassade angloise à la Chine, qu'on y dépouilloit le riz de son enveloppe de deux manière, l'une par le frottement entre deux meules de pierres comme je l'ai essayé; l'autre par la percussion. Les Chinois font même ce travail en grand. Ils ont des roues mues par l'eau qui élèvent à la fois vingt leviers, à l'extrémité desquels est un cône de pierre, dont la chute, sur le nély, contenu dans un vase de pierre, sépare la paille du grain. La mécanique de nos moulins à poudre, qui ont quelquefois trente-six pilons, mus par une seul roue, seroit préférable. Comme il y a toujours, quel que soit le procédé qu'on emploie, une assez grande quantité de grains qui ont échappé à l'effet de la percussion ou du frottement, on est obligé de les vaner, pour séparer les grains entiers de ceux émondés et de la paille. Une vanette mue à bras d'homme, seroit propre à remplir ce but. Ce moyen me paroît le plus expéd...

Les Malais, tant à Malac qu'à Achem, à Quéda, à Siam, ont aussi deux méthodes pour séparer le riz de son enveloppe. Ils emploient le pilon, ou bien une machine qui

n'est autre chose qu'un cylindre creux de
bois dur, qu'on fait tourner par le moyen
de deux manches, sur un autre cylindre
solide de même diamètre, et qu'on presse
avec force pour augmenter le frottement. Le
grain est mis dans le cylindre creux, qui
répond à la trémie, en même-tems qu'il fait
l'office de la meule supérieure dans nos
moulins (a). Le cylindre solide ne doit pas
avoir tout-à-fait le même diamètre que le cylindre creux, puisque les grains doivent être
interposés entre deux. Et je présume qu'il
seroit à propos de les faire l'un et l'autre un
peu coniques, de manière qu'il y eut entr'eux
un peu moins d'intervalle dans la partie inférieure, que dans la partie supérieure.

Le tome 4°. du *Voyage dans les Etats-
Unis d'Amérique*, du citoyen la Rochefoucault-Liancourt, nous apprend (page 209)
que dans la Caroline le riz étant séparé de
l'épi, est mis entre deux meules de bois de
» pin, épaisses d'environ quatre pouces, et de
» deux pieds à deux pieds et demi de diamè-
» tre, l'une est fixe, l'autre est mobile. Toutes
» les deux sont, de leur centre à la circonfé-

(a) Voyage à Sumatra, par William Marsden, tome 1,
pages 138 et 139.

O 2

» rence, taillées en une succession de petits
» plans inclinés, tranchans à leur extrémité,
» et contre lesquels le grain pressé se dé-
» pouille de son écorce. Ces moulins sont
» tournés par un nègre. (Page 210). Le riz a
» encore une seconde écorce, dont il doit
» être dépouillé. Cette opération se fait en le
» pilant. Les pilons sont également mus par
» des nègres, et ce travail est aussi pénible
» que celui du moulin. Quelquefois plusieurs
» pilons sont mus à la fois, par une espèce de
» moulin tourné par des boeufs. Le grain du
» riz se casse plus ou moins; il est alors
» vanné de nouveau, pour en séparer cette
» seconde écorce que le pilon a détachée,
» puis on le passe dans un autre crible, ou
» gros tamis, pour séparer les petits grains
« des gros : ces derniers sont seuls mar-
» chands ». Je vois par ces détails, que le riz
cultivé à la Caroline, ayant, comme le riz pé-
rigné, une seconde écorce, est d'une espèce
différente de celui cultivé dans l'Asie, qui
n'a que sa première enveloppe. Le travail
qu'exige le dépouillement de cette seconde
écorce, doit engager les habitans de l'Amérique septentrionale à se procurer du riz asiatique, d'autant plus que je crois celui-ci plus
productif, et moins susceptible de se rompre.

Quand aux meules de bois employées, pour séparer le riz de sa paille, il faudroit en avoir vu l'effet, pour le comparer à celui des meules de pierres et des machines inventées par les Chinois et les Malais.

L'auteur a dit, à la page 67, que le général Washington « vient de bâtir un moulin, » qui remplace le travail de la mouture, de la » brisure et de la criblure qui, dans toutes » les plantations, sont faites à bras. Ces mou-» lins sont d'une grande économie ; ils épar-» gnent aux nègres le travail le plus pénible » de la fabrication du riz, et laissent ses bras » au travail de la terre, dont une plus grande » quantité est ainsi mise en valeur. Un autre » avantage de ce moulin, est de régler avec » uniformité le mouvement des pilons ; con-» dition essentielle : car entre le riz pilé avec » soin, et celui pilé avec négligence, il y a la » différence d'une moitié de déchet ». L'au-teur n'a donné aucune description du moulin du général Washington. Il dit, page 103, que *les exhalaisons de ces marais infects, re-nouvellent tous les étés de cruelles mala-dies, qui attaquent les blancs ; mais que les nègres résistent à toutes ces pestilentielles exhalaisons, au milieu desquelles ils vivent, et qu'aucun n'en est incommodé.* Il paroît

O 3

qu'on attribue dans le pays l'insalubrité de l'air, à la culture du riz. Il se peut qu'elle y contribue, soit par l'effet de quelques circonstances locales, soit par le défaut de précautions qui pourroient en préserver.

(P. 211, « Quand le riz approche de sa » maturité, il est dévoré par des nuées de » petits oiseaux ». On éprouve de leur part les mêmes dégats à l'Ile-de-France et à Madagascar. « On les fait chasser des champs par » des négrillons que l'on y tient constam- » ment ». On fait plus dans ces deux îles. On plante dans les champs des golettes, au bout desquelles sont attachés des haillons de toile que le vent fait mouvoir. Les Madécasses emploient encore un autre moyen. Ils plantent en terre deux piquets fourchus, qui soutiennent une golette mobile, à laquelle sont attachés des haillons; ils en placent beaucoup ainsi disposés dans le champ; ils y attachent des lianes, qui correspondent toutes à une principale; en tirant celle-ci, toutes les golettes mobiles sont en mouvement. Mais à l'Ile-de-France on a fait un réglement de police, qui oblige les habitans à fournir tous les ans une quantité fixée de têtes d'oiseaux ou d'œufs, pour en prévenir la trop grande multiplication. Ce réglement n'est pas ob-

servé avec l'exactitude qu'il paroît exiger.
L'auteur, dont je viens de transcrire quelques
passages, ajoute (page 212) que *la paille du
riz se donne aux chevaux et aux bœufs de
travail*. On n'en fait aucun usage à l'Ile-de-
France, et c'est vraisemblablement à tort.

Les Indiens couvrent leurs maisons avec
la paille du riz. Ils ne font point usage de
fumier pour engraisser leurs terres. Lorsque
les Marattes font des incursions dans l'Indoustan, ils nourrissent leurs chevaux avec le
chaume des maisons, dans le cas où ils ne
trouvent pas d'autres pâtures à leur donner.
Il y a des maisons dans l'Inde qui sont couvertes en tuile.

La paille du nély sert, dit-on, de nourriture aux bestiaux, dans l'Inde, comme dans
la Caroline. Je présume qu'on l'humecte,
lorsqu'on l'applique à cet usage, et je pense
qu'on doit alors la mêler avec quelques espèces d'herbes, ou avec d'autres substances;
mais un emploi certain de cette paille, c'est
qu'on s'en sert à alimenter le feu des poteries. J'ai vu à la côte de Coromandel des fourneaux de cent à cent vingt mille briques,
dont le feu n'étoit entretenu qu'avec des ga-
lettes de bouzes de vaches desséchées et avec
de la paille de nély. Dans ce pays, le bois est

très-rare, et par conséquent très-cher. Les Italiens ont trouvé le moyen de suppléer à son défaut.

On prétend que la culture du riz dans le Piémont rend ce pays mal-sain, à cause des rizières qu'on entretient inondées. La côte de Coromandel, la Chine, la Cochinchine, et beaucoup d'autres contrées, où l'on cultive le riz dans des champs inondés, où l'on fait annuellement deux récoltes, où la chaleur de l'atmosphère est beaucoup plus forte que dans le Piémont, n'éprouvent aucun inconvénient de cette culture et de cette méthode. Je suis donc tenté de croire que l'insalubrité de ce pays tient à d'autres causes. Sans doute les marais répandent dans l'atmosphère des gaz et des miasmes méphitiques, à raison de la putridité des substances végétales qu'ils produisent, et qui sont abandonnées à la nature; mais les champs de riz n'ont aucuns végétaux qui subissent la putréfaction. On les laisse dessécher, avant que les grains soient parvenus à l'état de maturité. Tant que la plante végète, elle n'est pas disposée à éprouver la décomposition qui est une suite de la putréfaction. Les vapeurs qui s'élèvent des eaux non corrompues ne sont pas mal-faisantes. Je ne suppose pas que les Piémontois

laissent croupir les eaux dans les rizières,
jusqu'après la récolte du grain. Si cela étoit,
il ne faudroit pas chercher d'autres causes de
l'insalubrité de l'air dans ce pays, et je les
engagerois à changer de méthode.

Le citoyen Bourgoing, dans son excellent
tableau de d'Espagne moderne, (2e. édition, an 5e. 3e. volume, pag. 208) dit que
la culture du riz *altère la salubrité de
l'heureux climat* du royaume de Valence.
« Les habitans ont cependant des moyens
» de se mettre à l'abri de l'influence ma-
» ligne des rizières. J'en ai connus qui,
» ne sortant que lorsque le soleil étoit déja
» un peu élevé sur l'horizon, rentrant le soir
» dans leurs appartemens bien clos, s'inter-
» disant l'usage de l'eau presque absolument,
» vivoient impunément au milieu de leurs
» champs de riz ; mais la plupart expient ce
» voisinage par des fièvres périodiques. » Il
ajoute, pag. 209. « On sait qu'il y a deux
» manières de cultiver ce grain. On le plante,
» ou on le sème. » Il auroit dû dire qu'il y a
une troisième manière, qui est celle de la
transplantation. « Planté, il produit bien
» d'avantage, mais demande beaucoup plus
» de soins » L'opération de le planter est plus
longue que celle de le semer ; mais on en

est dédommagé par l'économie de la semence, et par l'abondance de la récolte. De quelque manière que l'on s'y soit pris, pour confier ce grain à la terre, la plante qui en provient n'exige pas plus de soins dans un cas que dans un autre. (Pag. 210). « Le riz, du moins dans le royaume de Va- » lence, a cette singularité unique peut-être, » c'est qu'il est constamment dans l'eau, » jusqu'à la moisson inclusivement. On ne » met la rizière à sec, que pour la sarcler. » Lors de la récolte, les moissonneurs, mar- » chant dans l'eau jusqu'aux genoux, sont » suivis de traîneaux qui reçoivent les gerbes » de riz : on les bat ensuite, comme celles » de tout autre grain. » Cette méthode me paroît tout-à-fait défectueuse, et très-propre à altérer la salubrité de l'air. J'engage les Valenciens à adopter la pratique des Indiens. Le riz qu'ils récolteront sera plus substantiel, plus sain et leur pays plus salubre. La mois- son se fera plus commodément, plus promp- tement, et sans danger pour la santé.

J'ose donc proposer aux habitans des dé- partemens méridionaux de la France, de cultiver le riz-aquatique, le seul qui me paroisse convenir à leur climat ; c'est aussi celui des trois espèces, que nous avons désignées au commencement de ce mémoire, qui donne les récoltes les plus abondantes. Le riz-pérenne ne soutiendroit pas les rigueurs de nos hivers ; le riz-sec est trop long tems en terre , et ne parviendroit vraisemblablement pas à maturité ; mais le riz-aquatique , étant plus hâtif, seroit moissonné avant le tems des fraîcheurs. On pourroit former des pépinières de riz, dans les endroits abrités des vents du Nord , du 16 au 30 ventôse ; on le transplanteroit vers la fin de Germinal et au commencement de Floréal ; on tiendroit les champs inondés , jusqu'aux approches de la récolte qui se feroit en Thermidor. Si cette culture devient générale dans ces départemens , elle y entretiendroit l'abondance des subsistances , elle diminueroit le prix de la main-d'œuvre , elle étendroit et y multiplieroit l'industrie , la population et les richesses.

Je crois devoir faire part d'un fait qui me paroît intéressant à connoître , et que je tiens de monsieur le chevalier Azara , ambassadeur d'Espagne en France , ami et protecteur des arts , et qui a laissé en Italie , où il a séjourné plus de 30 ans , la réputation d'un homme instruit, éclairé , honnête, humain et généreux. Les vaisseaux expédiés d'Italie , ou d'Espagne , ou d'ailleurs , qui vont à la côte de Barbarie, ou en Égypte, charger des grains, n'en rapportent jamais la peste, quoiqu'elle y exerce ses ravages, pendant leur séjour. Voici les précautions que l'on prend. Les équipages ne communiquent point avec la terre, ni avec les matelots des vaisseaux mouillés dans le port. On transverse la cargaison d'un vaisseau Barbaresque ou Égyptien, dans celui qui est venu chercher du grain, par le moyen d'un canal fait en bois. Pour expliquer ce fait, qui est notoire, je ferai part d'une autre observation qui est connue. On a remarqué à l'île de France, où l'on voit arriver très fréquemment des cargaisons de blé et de riz, que les vapeurs qui s'élèvent de ces grains, noircissent les galons, quoiqu'ils soient enfermés dans des malles. Je suppose donc que les vapeurs qui s'élèvent des grains échauffés par la chaleur de la cale, neutralisent les miasmes pestilentiels, s'il en existe, et qu'elles annullent leurs propriétés mal-faisantes.

SECONDE PARTIE.

NOUVELLE MÉTHODE DE CULTIVER LE BLÉ.

Les différentes cultures que j'ai exposées dans la première partie de ce mémoire, peuvent intéresser la curiosité des amateurs. Je n'atteindrois pas le but que je me suis proposé, si je me bornois à inspirer un sentiment stérile. Les pratiques rurales que j'ai détaillées, sont dignes de fixer notre attention ; j'espère en tirer des conséquences de la plus grande importance.

J'observerai d'abord que les peuples de l'Indoustan ne donnent aux terres qu'ils destinent à la culture du riz qu'un seul labour très-leger, qui a plutôt pour objet d'enlever les mauvaises herbes que de retourner la terre ; 2°. le peu de fumier qu'ils y mêlent

(dans quelques pays on ne connoît l'usage d'aucune espèce d'engrais) ne peut guère contribuer à l'abondance étonnante de leurs récoltes. Il est vrai que l'eau qu'ils entretiennent dans les champs de riz forme par elle-même un excellent engrais. 8°. Nous avons vu qu'il y avoit des peuples qui regardoient le sel marin comme fertilisant. Les Romains avoient une opinion contraire ; mais il se peut qu'une quantité trop grande de ce sel, soit nuisible à la végétation des plantes, tandis qu'une quantité moindre lui est favorable. On éprouve ces effets contraires

et terrestres ; le sel en petite dose, les curures d'étangs et de marais, les vases de la mer, les immondices des villes, les excrémens humains, la tourbe, le charbon réduit en poussière, la suie, l'eau et le feu lui-même, forment des engrais qui produisent de bons effets, lorsqu'on les emploie dans le sol où ils conviennent. Tous ces engrais ne sont point les produits des bestiaux. Les Indiens ont peu de troupeaux, et les Chinois encore moins. Les premiers ne font presqu'aucun usage du fumier ; ils font le plus souvent dessécher les bouzes de vaches, et s'en servent comme d'un combustible ; l'eau est, pour ainsi dire, le seul engrais qu'ils donnent à leurs cultures. Les Chinois en ont de plusieurs espèces ; celui dont ils font le plus de cas est composé des excrémens humains. Ces peuples pensent que la terre rend plus en productions végétales propres à la nourriture des hommes, qu'en prairies.

de la part des cendres qui, répandues avec
ménagement, sur un terrain, semblent lui
donner de la fertilité, et qui, en grande
quantité, sont nuisibles. Il se peut aussi que
le sel marin favorise la végétation du riz,
et nuise à celle d'autres plantes. Nous tien-
drons note de cette pratique, pour l'essayer
en temps opportun, en lieu convenable, sur
un champ de blé, et pour engager les cultivateurs qui sont à portée, d'en faire l'expérience, de la tenter, et même de la varier;
tantôt en arrosant légèrement les terres avec
de l'eau de mer, avant de leur confier de la
semence, tantôt en y répandant du sel marin
mêlé avec du fumier. Nous savons déjà que
le Varec, riche en sel marin, est propre à
féconder les terres; ainsi ce moyen de les
fertiliser n'a rien qui répugne aux connoissances acquises. Elles partagent ce qu'il
est nécessaire.

Les plus importantes de nos observations
porteront sur la méthode de culture que nous
avons décrite.

Nous dirons d'abord que dans les parties
de l'Indoustan où l'on cultive le blé, aux
îles de France et de la Réunion, à la Chine,
où l'agriculture est portée depuis bien des
siècles à un degré de prospérité étonnant, on
plante le blé dans des trous faits à la houe

Ensuite nous rappellerons qu'à la côte de Coromandel, et dans d'autres parties de l'Asie, on forme des pépinières de riz, et que ce grain y est planté à la main, dans des rayons. Il en résulte qu'aucun grain n'est perdu, et qu'ils ont tous l'espace nécessaire à leur développement et à leur multiplication. Chacun d'eux pousse plusieurs tiges; elles sont ensuite séparées et plantées une à une. La pépinière, renfermée dans un très-petit espace de terrain, reçoit du cultivateur tous les soins qu'elle exige, pour assurer sa végétation; elle est facilement préservée des ravages des insectes et des oiseaux, et ne peut éprouver l'inconvénient fatal des sécheresses. Le champ lui-même n'y est pas exposé. Là, chaque tige étant isolée, ne dérobe pas à celles qui l'avoisinent, la nourriture qui leur est nécessaire. Elles partagent toutes également et pleinement les bienfaits du père de la lumière et de la chaleur, et les influences fécondantes et nutritives de l'air et des rosées, bien plus efficaces à opérer leur accroissement et leur reproduction que les engrais que l'on vante. Aussi la récolte s'élève-t-elle communément à une proportion qui doit paraître incroyable aux Européens, et qui passe celle de cent pour un. Et qu'on ne croie pas que cette

cette

cette étonnante fécondité soit due à l'excellence des terres. Elles sont en général assez
légères et composées d'argile et de sable.

Faisons l'application de cette méthode, à
la culture du blé.

Supposons qu'un patriote aisé, animé du
bien public, veuille l'essayer. Il commencera
par former une pépinière. Il préparera donc
un carré de terre dans le voisinage de quelques eaux stagnantes ou même courantes. Il
lui donnera un ou deux labours, et il y répandra du fumier en quantité suffisante. Il
divisera la pépinière en planches ; il formera
une berge à l'entour ; ensuite il plantera le
blé dans des rayons, et les recouvrira de
terre. Si elle n'est pas humide, il y intro-
duira la quantité d'eaux nécessaire pour l'humecter. Et même, afin de hâter la germina-
tion du grain, il aura pris soin de le tremper,
ou même de le chauler, immédiatement
avant la plantation.

Ce premier travail réunit plusieurs avantages ; 1°. l'économie de la semence ; 2°. un
choix plus exact de cette même semence,
puisque la nouvelle méthode que je propose
en exige une bien moindre quantité que celle
qui est usitée. Comme je penche à croire que
l'espèce de froment la plus forte seroit à pré-

férer, parce qu'en exigeant plus d'espace, elle coûteroit moins à transplanter, par la raison qu'il faudroit une moindre quantité de tiges, pour peupler un terrain, qu'avec une espèce de froment qui demanderoit moins d'espace pour prospérer, il sera facile et peu coûteux de tirer la semence d'un pays éloigné, puisque cette méthode en exige beaucoup moins que celle qui est en usage. 3°. Par la même raison, le chaulage se fera mieux ; il sera plus exact et plus complet, et par conséquent plus efficace. 4°. Puisque la plantation de la pépinière exige peu de main-d'œuvre, elle peut se faire dans le moment le plus opportun, et laisse aux cultivateurs le loisir de se livrer aux travaux de la campagne, dans un tems où ils sont accumulés. 5°. Le blé, ayant été planté de bonne heure, dans une terre préparée, fumée et arrosée, a acquis la force nécessaire pour résister aux gelées, lorsqu'elles surviennent. 6°. Il est facile de nétoyer les pépinières et de les préserver des ravages des insectes et des oiseaux. L'eau des arrosemens éloignera les uns et les autres. Comme le grain lève promptement, et qu'il prend un accroissement rapide, parce qu'il a été humecté avant la plantation, parce qu'il est dans une terre arrosée et réchauffée par un fumier abondant et choisi, parce qu'il est exposé aux rayons d'un soleil qui a encore quelque chaleur, il est bientôt hors des atteintes des oiseanx, et ne peut épouver les inconvéniens du hâle ni des sécheresses. 7°. Il résulte des mêmes circonstances que le grain fournit une bien plus grande quantité de talles que par la méthode ordinaire. 8°. La moisson étant par notre méthode plus hâtive, on pourra se promettre une deuxième récolte du même champ, soit en raves, soit en petit millet, soit en maïs quarantin, soit en blé noir de Sibérie ou de l'Afrique Méridionale, soit en haricots nains hâtifs, etc., en préparant la terre suivant les plantations qu'on lui destine. 9°. Je ne serois pas surpris que la nouvelle méthode procurât dans la même année deux récoltes successives de blé, du même champ; la première en blé d'hiver; la seconde en blé de mars. Je suis persuadé que la moisson se feroit un mois ou peut-être six semaines plutôt que par la méthode de l'ensemencement. Dès que le blé d'hiver seroit récolté, on se hâteroit de donner un second labour au champ, et on y transplanteroit au plutôt du blé de mars, qu'on auroit élevé d'avance dans des pépinières. Je ne présente cette vue que comme une supposition qui me paroît vraisemblable, et qui, si elle se réalisoit, seroit bien propre à obtenir à la nouvelle culture une préférence sur l'ancienne. L'expérience est le seul moyen de fixer notre opinion sur ce point important.

On sera forcé sans doute de convenir de la plupart des avantages énoncés ci-dessus, qui sont des conséquences de la nouvelle méthode que j'indique, mais on ne manquera pas d'objecter qu'ils sont balancés, ou même annihilés par les travaux subséquens. On sera effrayé du grand labeur de la transplantation du blé, et l'on en conclura que cette méthode n'est pas praticable en France. Si l'expérience, qu'il est sans doute nécessaire de consulter, décide en sa faveur, les avantages qui en résulteront, triompheront de toutes les objections.

Nous opposerons, à toutes celles qui s'élèveront contr'elle, la pratique très-ancienne des peuples de l'Asie. Quel génie bienfaisant inspira celui qui conçut le premier la transplantation du riz, et son immersion constante ! Sans doute, il éprouva bien des contradictions. Par quel moyen vint-il à bout de faire adopter à des peuples illitérés une méthode aussi salutaire, et si éloignée de leurs routines? Je présume que l'expérience fut de toutes ses leçons, la plus efficace. Peut-être employa-t-il conjointement la religion, si puissante sur des hommes superstitieux. Dans les tems anciens, l'agriculture étoit liée à la religion. Les Grecs avoient pris cet usage des Egyptiens qui le tenoient vraisemblablement des Indiens. Le culte rendu à Cérès, à Triptolème et à Minerve, prouve la reconnoissance des peuples pour les premiers instituteurs de l'agriculture. Quoiqu'il en soit, je ne serois pas surpris que les Indiens regardâssent Brama comme celui qui leur a donné les premiers préceptes de l'art rural.

Le riz exige, après sa transplantation, des irrigations journalières et constantes. C'est un travail que le blé ne demande pas, et qui même lui seroit nuisible. Si les Indiens, qui ont annuellement deux récoltes, transplantent une herbe du même genre que le blé, pourquoi celui-ci ne seroit-il pas soumis à la même opération en France ? Elle est trop longue, s'écriera-t-on; nous n'avons pas assez de bras. A cela, je réponds que la transplantation du riz est aussi longue, que sa culture exige un travail de plus, celui des irrigations journalières, que le nombre des bras livrés à la culture est beaucoup plus grande en France que dans l'Inde, et que notre po-

P 3

pulation est beaucoup plus considérable. Mais répliquera-t-on, si cela est, elle consomme davantage (a). J'en conviens; mais aussi nous avons beaucoup d'espèces de vivres, que les peuples du Coromandel n'ont pas, et dont ils n'ont pas même l'équivalent, telles que les pommes-de-terre, qui ont été pour nous d'une si grande ressource, dans ces derniers tems de disette, les légumes verds, les châtaignes, le millet, le maïs, les haricots, etc. Enfin, j'ajoute que dans tous les pays policés, le nombre des cultivateurs est toujours proportionné à la population et à la consommation, lorsque son sol est productif.

Examinons si en effet cette transplantation occasionne un travail beaucoup plus considérable que la méthode adoptée, et si dans ce cas la première ne fournit pas d'elle-même quelque dédommagement.

(a) Je ne sais comment s'est introduite en France l'opinion que le riz étoit plus substantiel que le blé. C'est une erreur. J'ai vu dans l'Inde nourrir nos troupes avec du riz et un peu de viande. Elles se plaignoient de la modicité de leurs rations de riz, prétendant que la digestion se faisoit trop promptement. Le riz-sec passe, à juste titre, pour être plus substantiel que l'aquatique.

Dans un sujet qui n'a pas encore l'expérience pour guide, nous ne pouvons approcher de la vérité que par des suppositions vraisemblables. Je n'établirai pas des calculs minutieux, dont les données et les résultats varieroient suivant les différentes localités ; mais je proposerai des bases générales qui pourront nous guider dans une matière inconnue.

Nous avons vu que la nouvelle méthode procuroit une grande économie sur la semence. Voilà donc un gain certain. En second lieu, si la récolte est beaucoup plus productive, comme il n'est pas permis d'en douter, il faudra beaucoup moins de terres couvertes en blé, pour recueillir la même quantité de grains que ci-devant. Ce rapport ne peut être établi que par l'expérience ; mais en attendant qu'elle nous éclaire, faisons une supposition tirée de la vraisemblance. Si un arpent de blé transplanté donne autant que trois arpens ensemencés, il en résultera que pour avoir la même quantité de produit, il ne faudra transplanter que le tiers des terres qu'on a coûtume d'ensemencer. Cette estimation ne doit pas paroître exagérée ; je crois même qu'on pourroit la faire plus forte, sans crainte d'erreur. Dans la méthode de l'ense-

mencement, les tiges sont ou trop rappro-
chées, ou trop éloignées. Dans celle de la
transplantation, ces deux inconvéniens n'existent pas; aucune portion de terrain n'est vide:
la plante, ayant l'espace nécessaire pour étendre ses racines, pousse un plus grand nombre
de tuyaux plus forts, plus vigoureux, plus
chargés de fruits; les grains sont plus nourris
et plus longs, et plus gros et plus nombreux.
La facilité du sarclage donne le moyen d'enlever toutes les plantes parasites. Les blés
seront moins exposés aux versemens, parce
que les tiges seront et plus souples et plus
fortes. Si l'on a été scrupuleux sur le choix
de la semence, et sur la préparation à lui
donner, les champs seront exempts de ces
maladies, telles que le charbon, la nielle,
l'ergot, qui diminuent l'espérance du laboureur, et qui rendent la nourriture de l'homme
mal-saine et quelquefois dangereuse.

Ces résultats sont des suites nécessaires de
la nouvelle méthode. Nous le répétons; non-
seulement les tiges de la plante ont entr'elles
l'espace nécessaire à leur végétation, pour
s'approprier les sucs de la terre, sans se les
dérober mutuellement, et pour recueillir les
influences fécondantes du soleil, de l'air, des
pluies et des rosées, mais encore le sol a été

fertilisé par des labours multipliés et par l'abondance des engrais ; car si la nouvelle culture donne un produit triple de celui de l'ancienne, il ne faut, pour obtenir la même quantité de récolte, que le tiers des terres en culture. Or, les labours et les engrais peuvent leur être prodigués, dautant plus que la transplantation, ne devant se faire que dans les mois de Germinal, Floréal ou même Prairial, suivant les localités et les expositions, le laboureur a tout le tems nécessaire pour achever complétement ses travaux. (a)

Je sens que malgré ces avantages, on sera toujours effrayé du long labeur des transplantations, jusqu'à ce que l'expérience en ait démontré la facilité et l'utilité, d'une manière générale. Je dois faire remarquer qu'elle a déja été faite partiellement. Lorsque la gelée,

---

(a) Je ne sais si, dans quelques localités, la transplantation ne devra pas se faire avant l'hiver. Peut-être faudra-t-il dans ce cas avancer la plantation des pépinières. C'est à l'expérience à nous servir de guide. Si la transplantation retarde, dans les premiers momens, la végétation des herbes, elle l'accélère par la suite, puisque celles-ci se trouvent dans un sol fertilisé par des labours et par des engrais, et qu'elles reçoivent pleinement les influences de l'air, du soleil, des pluies, des rosées et des vapeurs, et qu'elles pompent sans obstacles les sucs de la terre.

ou des inondations ont détruit des touffes de blé, ou noyé une partie des champs, il y a des agriculteurs actifs, prévoyans et intelligens qui repiquent des touffes de froment, de seigle et d'escourgeon, à la place de celles détruites. Ces transplantations réparent les dommages causés par l'intempérie d'un hiver trop rude, ou par l'effet des inondations. L'expérience a prouvé que les plantes repiquées, mûrissoient dans le même tems que celles semées en autômne, soit que l'opéraration ait été faite à la main, soit qu'elle ait été exécutée à la charrue, dans des parties endommagées un peu considérables. Elle n'est ni aussi longue, ni aussi difficile, ni aussi coûteuse qu'on pourroit le croire, puisqu'on peut y employer des enfans des deux sexes, pour peu qu'ils aient d'intelligence et d'habitude dans les travaux ruraux ; et l'on doit observer, que si l'opération en grand des transplantations que je propose est effrayante par sa durée, les cultivateurs ont beaucoup de tems pour les achever. Tant que la plante n'a pas montré le tuyau qui doit porter un épi, on peut la transplanter ; enfin j'opposerai à toutes les objections, l'exemple frapant et victorieux des Indiens. Pourquoi ne serions-nous pas capables de la même patience

que des Asiatiques ? Pourquoi n'adopterions-
nous pas un nouveau systéme de culture, s'il
est prouvé par l'expérience, qu'il augmenteroit nos récoltes, que les fruits seroient
plus sains, plus nourrissans et plus savoureux. Dans ce cas, ce seroit un moyen certain d'élever promptement la France républi-
caine à un degré de prospérité inattendu. Nous
avons révolutionné nos loix, nos mœurs, nos
usages, notre gouvernement ; il nous reste
peut-être à révolutionner notre agriculture.

Jusqu'à cette époque, le moment ne paroissoit pas favorable à l'adoption de la nouvelle méthode. Je n'osois pas la proposer au
public ; je me contentois de la faire connoître
dans des conversations particulières, afin de
juger de l'impression qu'elle faisoit sur les
esprits. J'avois engagé, il y a long-tems, l'il-
lustre auteur de l'*Histoire philosophique des
deux Indes*, à donner, par ses écrits, de la
célébrité à la nouvelle culture ; mais celui qui
avoit combattu avec succès les préjugés les
plus funestes, n'osa pas attaquer une routine
consacrée par le tems, et par l'usage général
des peuples de l'Europe, et sanctionnée par
des écrivrains fameux chez nous et chez les
étrangers. Il jugea que le tems n'étoit pas
venu de prêcher cette révolution dans les

pratiques d'agriculture. Il désira que le gouvernement ordonnât des essais, que les propriétaires aisés, qui veulent la prospérité de la patrie et le bien de l'humanité, se prétâssent généreusement à les faire ; enfin, que les avantages de la nouvelle méthode fussent constatés par un grand nombre d'expériences dans les différens sols et dans les différentes températures de l'Empire, et sur-tout que l'exemple constant des succès obtenus en divers cantons, frappât tous les yeux, fit taire les contradictions, et entraînât tous les suffrages.

Si notre révolution n'avoit pas disposé les esprits à écouter les propositions qui, dans un autre tems, auroient paru extraordinaires, je ne me serois pas déterminé à proposer un changement aussi grand dans notre systéme et dans nos pratiques agricoles. Au reste, la nouvelle méthode ne pouvoit pas rester long-tems ignorée. Déjà un agriculteur éclairé, que l'amour de l'humanité guide dans ses travaux, et qui a quelques droits à la reconnoissance publique (le citoyen François de Neuf-château) a rendu compte dans les journaux d'un essai qu'il a fait de la transplantation du blé (a). Je l'engage, au nom de la patrie,

(a) Ce mémoire a été lu, il y a plus de deux ans, au

à suivre ses expériences , et je sollicite tous ceux que cette voix peut émouvoir , et qui ont des moyens et les facilités nécessaires , de tenter les mêmes essais, et d'en faire connoître le résultat au public, afin que des agriculteurs éclairés et bien intentionnés puissent les répéter, dans d'autres sols , dans d'autres expositions, dans d'autres températures , et que du concours de tous les rapports, la vérité soit connue et bien constatée.

Si je ne me fais pas illusion , le gouvernement, qui ne veut que la prospérité publique , accueillera sans doute le nouveau système agricole , comme une entreprise digne de sa sollicitude paternelle , et lui donnera tous les encouragemens qu'il mérite. Il ordonnera des essais dans les jardins de botanique de tous les départemens de la République. Il exigera qu'on lui en rende compte par des procès-verbaux bien constatés , et les publiera par la voie de l'impression. Alors ces essais, faits par des citoyens éclairés et impartiaux , qui ne sont animés que du bien public , et qui savent se garantir également des préjugés de

_____

Lycée d'Agriculture, des Arts et du Commerce, dont j'étois l'un des membres, et qui n'existe plus. Je rendois hommage au mérite et non à la place.

l'habitude et des prestiges de l'enthousiasme, obtiendront la confiance de la nation.

Je ne présume pas qu'il soit nécessaire que j'entre dans tous les détails de la nouvelle culture. Après ce que j'ai dit sur la manière de former la pépinière destinée à garnir les terres, où l'on veut transplanter le blé, je n'ai pas besoin de recommander le choix et le chaulage de la semence. On peut présumer que telle espèce de froment conviendroit mieux que telle autre à la nouvelle méthode, dans telle terre, *et vice versâ*. C'est pourquoi il sera très - essentiel de varier les essais.

Je ne dois pas déterminer, avant d'être éclairé par l'expérience, quelle distance l'on doit mettre entre chaque tige. On conçoit que ce point de pratique doit être sujet à des variations, suivant la qualité des terres, suivant la préparation qu'on leur a donnée, suivant leur exposition, suivant la température du local, suivant la fréquence ou la rareté des pluies, suivant la quantité d'engrais employée, suivant l'espèce de froment cultivée, et même suivant l'époque plus avancée ou plus reculée de la transplantation. Pour la faire, on doit nécessairement couper chaque tige à 3 ou 4 pouces environ du collet,

rafraîchir les racines , au moment qu'on
les met en terre , et ne point enlever une
trop grande quantité de plantes à la fois ,
afin qu'elles ne restent pas long-tems exposées à l'air qui dessécheroit leurs racines.
Si le champ est éloigné de la pépinière , on
mettra les touffes d'herbes dans des paniers
qui auront dans le fond un lit de terre un
peu humide ; on les couvrira avec de la paille,
et on les transportera dans le lieu de la transplantation : c'est-là qu'on doit les châtrer,
au moment même où elle se fait. Les gros
fermiers , qui auroient beaucoup de terres à
garnir en blé , devront , si elles sont éloignées
les unes des autres , former plusieurs pépinières , à portée des champs qu'ils voudront
cultiver.

Je crois qu'il est inutile que j'avertisse les
cultivateurs , de ne faire la transplantation ,
que lorsque la terre est humide ; mais il est
peut-être à propos que je previenne quelques-uns d'entr'eux , contre deux préjugés
faux que beaucoup de personnes ont adoptés.
L'un veut qu'il soit avantageux , sans restriction , de croiser les races des animaux et de
tirer les semences d'un pays éloigné. Cette
opinion est souvent une erreur. Il est sans
doute avantageux de croiser les races , lors-

que les espèces que l'on possède sont inférieures à celles du pays d'où l'on tire l'individu destiné à la propagation. Les François par exemple, feront très-sagement de marier une brebis de France avec un bélier de race espagnole ; mais nos alliés feroient très-mal d'accoupler une brebis espagnole avec un bélier de notre pays , parce que la race d'Espagne est supérieure à la nôtre. En effet les brebis françoises appariée avec un béliers espagnol , produit un métis supérieur aux nationaux ; mais inférieur , même aux bêtes de race d'Espagne nées en France. Qu'on me permette encore un exemple. Nous avons à l'île de France une espèce d'ânes très-belle et très-haute que nous avons tirée de Mascate. Cette race se perpétue dans sa beauté, lorsqu'on accouple les mêmes espèces ; mais elle dégénère , lorsqu'on la croise avec les ânes de l'Inde qui sont beaucoup plus petits , de sorte qu'on obtient alors une espèce moyenne, entre celle de Mascate et celle de l'Inde.

Quant aux végétaux , on doit s'attacher en général à faire choix de la plus belle semence des meilleures espèces. Ainsi il sera avantageux d'en tirer d'ailleurs, quand on pourra s'en procurer d'une espèce supérieure à celle que l'on récolte. Le blé de Nagpour , pays de l'Indoustan, passe pour être le plus beau du globe (a). Nous ferons très-bien d'essayer de naturaliser en France cette espèce, qui pourra dégénérer, vu la différence du sol et du climat, mais qui nous donnera vraisem-blablement un produit supérieur au blé de notre pays. En revanche les cultivateurs de Nagpour feroient très-mal de choisir pour leur semence un blé inférieur à celui qu'ils récoltent.

La naturalisation, ou même la transplan-tation de toutes les espèces de froment, ne réussiront pas également. L'expérience nous

---

(a). Le colonel Kidd, directeur du jardin de Botanique que les Anglois ont formé dans le Bengale, à l'exemple de celui de l'Ile-de-France, m'a envoyé du froment de Nag-pour, que j'ai reçu à Paris en 1790. Tous les connoisseurs ont admiré la beauté de ce blé, et l'ont trouvé supérieur à celui de France. Je l'ai confié à un agriculteur aussi in-telligent que bon patriote : aucun grain n'a levé. Le colo-nel Kidd l'avoit enfermé dans une phiole de verre, dont il avoit pompé l'air, et qu'il avoit ensuite bouchée hermé-tiquement. Le peu de succès de cette préparation semble prouver qu'elle est nuisible. Je rapporte cette anecdote par deux motifs. 1°. Afin d'engager le gouvernement à pro-curer un jour à la France le blé de Nagpour, et d'autres productions étrangères qui peuvent avoir quelque utilité. 2°. Pour avertir que les semences privées d'air perdent leur principe de vie.

indiquera celle qui doit prospérer le mieux dans telle terre, dans telle exposition, dans tel département, dans les années sèches, dans les années pluvieuses, etc.

Le second préjugé contre lequel je veux prémunir les bons habitans de nos campagnes, qui l'ont adopté par tradition, c'est que l'on ne doit jamais planter par un tems pluvieux. Des circonstances locales ont obligé les Colons de l'Ile-de-France et de la Réunion d'adopter une méthode contraire. Ils plantent toujours, et font toutes les transplantations pendant ou après la pluie, et c'est toujours avec succès.

Pour compléter ce que j'ai à dire sur l'application de la méthode des Indiens, de cultiver le riz, à celle que je propose de cultiver le blé, j'ajouterai que je conseillerois à nos agriculteurs de tirer parti de toutes les positions où l'on pourroit introduire l'eau dans les champs transplantés en blé; non que je veuille qu'on entretienne, comme dans l'Inde, la terre couverte de quelques pouces d'eau, puisque ce dernier gramen n'est pas une plante aquatique, mais pour pouvoir suppléer au défaut de pluie, dans le cas des sécheresses, pour engraisser la terre, pour éloigner les insectes, pour abreuver les plan-

tes, et pour leur donner plus de fécondité.
Dans tous les lieux où l'on arrose les prairies, l'on pourroit changer la destination de
ces terrains, et les réserver à la production
des grains nécessaires à la nourriture de
l'homme. Les terres voisines des étangs, des
rivières, pourroient être plantées en blé. On
les arroseroit à volonté, soit par le moyen
des *picotes* à l'indienne, soit par celui plus
expéditif des pompes. On disposeroit le sol
en petits carrés, ayant des berges tout autour,
suivant la méthode des Indiens : on feroit
facilement écouler l'eau d'un carré à l'autre,
en profitant de la pente du terrain qui auroit
été disposé à cet effet. On conçoit que ces
arrosèmens ne doivent s'effectuer que dans
le tems des sécheresses ; à moins qu'on ne
cultivât une espèce de froment aquatique,
qui existe peut-être dans quelque coin du
globe. Qui sait même, si à force de recherches, on ne découvrira pas un blé-pérenne ?

Je reviens aux irrigations dont j'ai parlé.
M'objectera-t-on que les prairies arrosées sont
nécessaires à l'entretien des bestiaux ? Qui
ne sentira que la nourriture de l'homme doit
être le premier de nos soins ; que si nos récoltes deviennent annuellement abondantes,
au point de nous donner un superflu consi-

dérable, il sera l'objet d'une grande exportation et d'un commerce très-étendu ; que nous avons d'autres ressources pour la nourriture des bestiaux ; qu'il est à propos de réserver à la culture du blé les terrains qui promettent les récoltes les plus riches et les plus assurées, tels que ceux arrosables à volonté ; que l'on emmagasineroit le grain dans la vue de pourvoir aux disettes, en employant la méthode que nous avons indiquée de le conserver, ou toute autre meilleure ; enfin, que l'on peut nourrir les bestiaux avec du blé, dans le cas où l'on seroit embarrassé d'un superflu excessif, parce qu'alors le prix du grain seroit au taux le plus bas : circonstance heureuse qui détermineroit la valeur de la main-d'œuvre et celle de la plupart des productions de notre sol et de notre industrie. Mais, que dis-je ? la nouvelle méthode, en procurant des produits plus considérables, ne rend-elle pas à l'agriculture quantité de terres réservées actuellement à la culture du blé ? Et ne peut-on pas y former des prairies artificielles, et même en peupler une partie en forêts, celle surabondante aux plantes céréales, aux vignes, aux légumes ; en un mot, à toutes les cultures pratiquées. C'est même l'un des résultats les plus heureux de notre nouveau système agricole, que celui de multiplier en quelque sorte les terres cultivables, non-seulement par les raisons que j'ai exposées, mais encore en nous dispensant des jachères; et par conséquent d'augmenter le nombre et l'étendue de nos prairies, et de nous permettre la multiplication des forêts. Je n'insisterai pas sur l'importance de ce dernier avantage, dont il est facile de prévoir toutes les conséquences. Je me bornerai aux résultats généraux, et je répéterai que la nouvelle méthode doit, en révolutionnant l'agriculture, revivifier la France, aggrandir son commerce, accroître sa population, activer et augmenter son industrie et tous les arts qui en dépendent. J'ai peine à contenir l'enthousiasme que toutes ces conséquences m'inspirent; mais quand je réfléchis qu'elles doivent être constatées par l'expérience, avant de pouvoir me livrer au sentiment qu'elles font naître, je me borne à concevoir l'espérance du succès, et à faire des vœux pour sa réalisation, persuadé que si j'ai embrassé une erreur flatteuse, on me la pardonnera en faveur du motif.

—————————————

J'AUROIS désiré ajouter ici le jugement de

l'Institut-National sur ce Mémoire ; il ne m'est pas encore parvenu, quoiqu'il ait nommé deux de ses membres, pour lui en faire un rapport. Ils sont en état d'apprécier le mérite de mes observations et de mes conseils. Soit qu'ils les approuvent, soit qu'ils les blâment, il eût été intéressant de connoître leur opinion ; dans le premier cas, pour encourager les essais que j'ai proposés ; dans le second cas, pour en détourner, afin de ne pas engager des citoyens bien intentionnés pour le bien public, dans des dépenses infructueuses.

Qu'on me permette, à défaut du jugement de l'Institut-National, de transcrire ici l'opinion d'un agriculteur instruit, sur le mémoire qu'on vient de lire.

« La culture proposée a déjà eu lieu, mais
» seulement dans de petits essais, et le pro-
» duit le plus étonnant en a été le résultat. J'ai
» vu à Bordeaux le produit d'un grain de blé
» semé par le citoyen Secondat, fils du cé-
» lèbre Montesquieu. Il présentoit une touffe
» de plus de trois cents épis, dont chacun
» contenoit plus de trente grains ; ce qui fai-
» soit un produit de 9,000 pour un. Je con-
» viens qu'on ne peut pas établir une spécu-
» lation sur un prodige ; mais en supposant
» que le résultat ne fut que de cinquante pour

» un, l'avantage qui résulteroit d'une pareille
» culture en grand, seroit inappréciable.

» Cependant tous les lycées, toutes les socié-
» tés d'agriculture annonceroient, affirme-
» roient même de pareils succès, les cultiva-
« teurs ne changeroient rien à leur routine.
» L'autorité du gouvernement, même le plus
» despotique, seroit également impuissante;
» les invitations, les sollicitations absolument
» inutiles. L'exemple donné par des amateurs
» zélés et instruits, et suivi pendant plusieurs
» années d'un succès constant, peut seul dé-
» terminer quelques amateurs à adopter un
» mode de culture si différent de celui en
» usage. Ces imitateurs seront d'abord en
» petit nombre; l'intérêt l'augmentera avec
» le tems; mais il s'écoulera plus d'un demi-
» siècle, avant que la révolution désirée par
» l'auteur du Mémoire, dans notre agricul-
» ture, soit arrivée, à dater des premiers
» exemples qui ne sont pas encore donnés.
» On n'en doit pas savoir moins de gré à
» l'auteur de son intention. Le patriotisme
» et l'amour de l'humanité ont conduit sa
» plume, et je rends hommage à ses senti-
» mens et à ses connoissances en agriculture».

Paris, le 21 nivôse, an 7e. de la République,
une et indivisible.

*Le Citoyen Cossigny, ex-Ingénieur, rue
du Doyenné, Nos. 20 et 305, au Citoyen
la Cépéde, Démonstrateur en Histoire
Naturelle au Muséum national, et membre de l'Institut-National.*

CITOYEN,

J'ai appris qu'à la séance du 16 de ce mois,
de l'Institut-National, on avoit procédé à la
lecture d'un mémoire que j'avois remis à
votre collégue, le citoyen de St.-Pierre, et
qui détaille la méthode des Asiatiques de cultiver le riz. On prétend que le citoyen ***,
et quelques autres membres de l'Institut-National, s'étoient élevés contre l'assertion qui
est insérée dans le discours préliminaire, et
par laquelle j'avance que *j'ai enrichi la colonie de l'Ile-de-France d'une grande quantité de plantes exotiques..... et que j'en ai
envoyées à Cayenne, aux Antilles, à
Bombai, à Surate, à Pondichéry, au Bengale, à Batavïa, à la Chine, au Cap-de-
Bonne - Espérance, à Madagascar et en
France.* On a prétendu que j'enlevois au ci-

toyen Céré, directeur du jardin national de l'Ile-de-France, un honneur qui lui revenoit, et qui ne m'appartient pas.

Il me semble que lorsqu'un citoyen avance, dans un écrit destiné au public, des faits qui lui sont personnels, on doit avoir les preuves les plus évidentes, contre ses assertions, pour oser les démentir.

Personne ne rend plus de justice que moi aux soins assidus du citoyen Céré, mon compatriote et mon ami depuis plus de vingt ans, pour la multiplication et pour la propagation des plantes exotiques. J'ai payé à cet excellent citoyen le tribut d'éloges qui lui est du, dans un ouvrage que j'ai fait imprimer, en 1784, à l'Ile-de-France, et depuis peu j'ai plaidé sa cause auprès du ministre de la marine, Truguet, et dans les bureaux, lorsqu'il me proposa d'aller prendre sa place dans cette colonie. Je la refusai, en soutenant que l'on feroit une injustice, et que ce seroit mal payer les services de ce citoyen, qui avoit droit à la reconnoissance du public (a).

(a) Mon refus a indisposé contre moi l'un de ceux qui tenoient alors les rènes du gouvernement. Il me semble que ce procédé étoit fait pour obtenir grâce d'une ame honnête et sensible.

Sans doute, le citoyen Céré a fait des envois de plantes à Cayenne, dans les Antilles, en France et ailleurs. La place qu'il occupe, depuis l'année 1775, exigeoit de lui qu'il prit ce soin; mais elle ne lui donnoit pas le privilége exclusif de faire ces sortes d'envois. Tout autre citoyen avoit le même droit, quoiqu'il n'eut pas les mêmes moyens. Cependant je dois convenir que le citoyen Céré m'a beaucoup aidé dans les envois que j'ai adressés à mes différens correspondans, dans les parties des Indes que j'ai parcourues, et à mes connoissances en Europe et ailleurs.

Dans un tems très-ancien, la Compagnie des Indes, qui avoit la suzeraineté des îles de France et de la Réunion, s'étoit occupée du soin d'enrichir ces colonies de plantes exotiques précieuses. Elle avoit formé pour cet objet un jardin de botanique, nommé *le Réduit*, dans le quartier de Moka, auquel j'ai vu attaché le botaniste Aublet. Ce jardin, depuis long-tems, n'est plus qu'une maison de plaisance et d'agrément. C'est *Monplaisir*, situé dans le quartier des Pamplemousses, qui est devenu le jardin de botanique de la nation, à l'Ile - de - France, depuis l'année 1773.

Quand je revins de l'Inde à l'Ile-de-France,

en 1759, tems où le citoyen Céré, jeune encore, étoit en France pour son éducation, j'apportai dans cette colonie des graines exotiques, que je remis au citoyen Aublet. Il cultivoit déjà, depuis quelques années, les caneliers de Ceylan et de la Cochinchine, et le poivrier de la côte de Malabarre. Je remis à ce botaniste des gousses de cacao, que j'avois cueillies moi-même dans le jardin d'Oulgaret près de Pondichéry, où l'on cultivoit avec soin deux cacoyers, qui prospéroient, et que l'on avoit fait venir de Manille. Je lui donnai en outre d'autres graines que j'avois apportées de la côte de Coromandel. Je ne possédois point alors d'habitation. Mes cacaos ne levèrent point; mais depuis cette époque, on s'est procuré des cacoyers. Mon correspondant et mon ami, le citoyen Hubert, en cultive des plantations qui prospèrent à l'île de la Réunion. Quant aux caneliers, ils sont très-multipliés dans les deux îles, et j'avois formé sur ma terre des caneliers qui réussissoient, et qui pouvoient contenir cinq à six mille plans. C'est au citoyen Porcher que la colonie doit l'acquisition des canelleries. Il les avoit tirés de Ceylan, en 1752, pendant qu'il commandoit à Karikal, situé dans le Sud de Pondichéry, à la côte de Coromandel, sur le bord de la mer. Ainsi, plusieurs citoyens zélés, pour la prospérité des îles de France et de la Réunion, ont contribué à leur procurer des plantes exotiques. Mais l'acquisition du canelier de Ceylan auroit été sans fruit, si je n'avois pas trouvé un procédé de conserver le goût et le parfum de celle du crû de l'Ile-de-France. J'en ai encore des échantillons qui ont vingt et vingt-un ans, préparés suivant ma méthode, et qui ont encore les mêmes qualités qu'ils avoient dans leur fraîcheur. J'ai publié ce procédé dans la colonie, et je fournis en preuve une lettre imprimée du citoyen Céré lui-même (a), aux administrateurs en chef de l'île, sous la date du 4 mars 1785.

Je fus envoyé, en 1761 et 1762, à Batavia, chargé d'une mission très-importante, dont le succès fut complet. Je rapportai dans la Colonie, non-seulement des graines de différentes espèces, mais encore des plans enracinés, couchés dans de la terre, et enfermés

_____

(a) On trouvera cette lettre ci-après. Elle a été imprimée à l'Ile-de-France dans le journal Hebdomadaire de la colonie, et l'on en a distribué dans l'île des feuilles détachées. La confiance que l'on doit prendre dans le témoignage de ce citoyen, est une suite de la réputation qu'il s'est acquise.

dans des caisses. J'en remis une partie au citoyen Vermonet, directeur du jardin du Réduit, qui portoit alors le nom de Desportes-Milon, qui avoit remplacé le citoyen Aublet, et l'autre partie fut plantée dans l'habitation que je venois d'acquérir aux plaines de Willhems. Les Jam-Malacs blancs, rouges et roses, qui sont très-multipliés sur la terre que je possédois, le faux Mangoustan, etc., proviennent de ces voyages.

En 1764, je reçus de la Chine, par mes amis, quantité de végétaux précieux, tels que l'arbre à suif, l'hypéricum de Chine, abrisseau charmant, qui a des propriétés médicinales, supérieures à ceux de France, l'arbre d'huile de bois, le lilas de la Chine, le litchy, le longanne, le buys de Chine, un jasmin à fleurs doubles, d'une grande beauté, dont les fleurs sont très-odorantes et préférées aux mogrites les plus belles, etc., c'est à mes soins que l'on doit la multiplication de la plupart de ces végétaux, dans la Colonie de l'île de France. A cette époque, le citoyen Céré, enseigne d'infanterie, ne datoit pas encore.

La même année, mon oncle, qui habitoit la côte de Coromandel, m'envoya sur ma demande, beaucoup de graines diverses,

entr'autres le coulou (légume) , le lilipé ,
le néliqué , le savonier , la longue , espèce
de palmier du pays , qui est une variété du
cocotier de mer , le jam-longue , le myro-
bolan , etc. Je cite ces cinq arbres , parce
que s'ils existent au jardin National , ils sont
le produit de ceux qu'on trouvera sur ma
terre de Palma , et qui annoncent une grande
priorité de date et de culture. Le *vétiver* ,
qui a prospéré dans les deux Iles , le *chaya-
ver* qui a péri , le bilembi , le chérimbellier ,
le margosier , le calac , le porcher , l'acacia-
vera , plusieurs autres espèces d'acacias , dont
une à fleurs violettes , un jasmin à fleurs rouges
sans odeur , etc. , proviennent aussi des envois que m'a faits mon oncle.

En 1765 , feu mon ami , le citoyen de Mar-
nière , capitaine de vaisseaux de la compagnie des Indes , m'apporta de la Chine ,
entr'autres choses , un arbre de vernis , le
savonier de la Chine , différent de celui de
l'Inde , beaucoup de cailles , qui furent lâ-
chées dans l'Ile , et qui n'y séjournèrent pas ,
et un chien Chinois à longs poils , muzeau
pointu , d'une espèce particulière , dont la
race s'est multipliée dans l'île.

En 1766 , je reçus , par le canal d'un de
mes amis , capitaine de vaisseau de la com-

pagnie des Indes, à qui j'avois donné des graines de mon verger pour les Antilles, des graines du sapotillier, qu'on lui envoya en retour. Trois seulement ont levé ; deux existent sur l'habitation que je possédois, le 3e. sur celle qui appartenoit alors à mon ancien ami, le respectable de Maissin père, à la rivière noire ; où je supposois que cet arbre réussiroit mieux, que dans mon habitation. Tous les sapotilliers qui sont dans l'île en proviennent. Dans le même tems, ma sœur, la citoyenne Dejoannis, m'envoya de France beaucoup de graines que je lui avois demandées. C'est à ses envois que la Colonie doit le bouillon-blanc (*verbascum*), le mélilot, la pimprenelle, la camomille, la pariétaire, le lotier odorant, les pavots divers, les coquelicots doubles, la matricaire, la petite menthe, etc., etc., etc.

En 1767, j'apportai du Bengale, où j'avois été faire un voyage, tout ce que je pus me procurer dans le genre des végétaux, entr'autres l'arbre d'encens, dont j'ai fait moi-même présent au jardin national de l'île de France ; le *bocol* ou *bolsery* ; l'oranger de Patna, qui a péri par le ravage des sauterelles ; le rosier tricolor ; le titan-côté, dont la graine sert à clarifier les eaux bourbeuses du Gange, et dont les individus qui sont sur ma terre de Palma, sont encore les seuls qui existent dans la Colonie; l'arbre nommé *bois-noir*, dont la végétation est si prompte, qui est un arbre de haute-futaie, propre à beaucoup d'usages, et dont le charbon a paru être le meilleur, d'après mes propres expériences, pour la fabrication de la poudre à canon, et dont j'ai fait de grandes plantations, pour le compte du gouvernement, au port de la Montagne, et dans les terrains dépendans du jardin National. Je rapportai en outre du Bengale, des tourterelles et des pigeons-paons. Les premières se sont multipliées dans mon quartier, d'où elles se répandront avec le tems, dans toute la Colonie.

La même année (1767), je donnai au citoyen Modave le cadet, qui passoit en France, des graines diverses, arrangées dans des potiches, entre des couches de terre, qu'il a envoyées aux Antilles, par un vaisseau qu'il trouva à son arrivée à l'Orient, sur le point de son départ pour ces îles.

Parmi ces graines, il y avoit des cafés d'Eden, dont la fève est extrêmement petite; et d'une qualité supérieure au Moka ordinaire, que j'ai tâché de multiplier, sans succès, sur mes habitations à l'île de France, pendant longues années,

années, et des noyaux de mangues, l'un des meilleurs fruits des Indes, qui furent envoyés à la Martinique, où ils ont prospéré.

Dans le même tems, je donnai à feu mon ami St-Martin, qui commandoit le vaisseau sur lequel j'avois fait mon retour du Bengale, à l'île de France, beaucoup de graines, pour en semer une partie à l'île de l'Ascension, et pour en donner aux habitans de Ste-Hélène, où il devoit relâcher en allant en Europe. C'est à cette attention que les Anglois doivent la multiplication du bois-noir dans cette Colonie.

En 1768, feu le citoyen Poivre, qui venoit d'acquérir pour son compte la terre de Monplaisir, de la compagnie des Indes, vint à Palma sur mon habitation. Il me demanda quantité de plantes rares et curieuses, qu'il trouva dans mon jardin, pour enrichir sa propriété, et je me fis un plaisir de les envoyer à cet intendant, qui se proposoit de rassembler sur sa terre tous les végétaux qu'il pourroit se procurer, des quatre parties du monde; c'est ce qu'il a exécuté.

Mon goût, pour l'acquisition des plantes étrangères, étoit si bien connu, que le même citoyen Poivre, qui savoit que mon jardin étoit alors le plus riche de la Colonie, en productions exotiques, m'engagea à recevoir chez moi le citoyen Commerson, qui venoit d'arriver à l'Ile de France, en 1768, avec le célèbre Bougainville, au retour de son voyage dans la mer du Sud. Ce fameux Botaniste passa six semaines sur ma terre, où il fit une ample collection d'observations, tant chez moi que dans les bois des environs; et où il augmenta considérablement son herbier. Dans une de ses courses, il grimpa sur la montagne du Corps-de-Garde, l'une des plus hautes de l'île, qui a 418 toises au-dessus du niveau de la mer. Il y trouva, m'a-t il dit plusieurs fois, une botanique différente de celle de la plaine, entr'autres un arbre d'un genre nouveau, auquel il donna mon nom. Ses manuscrits font foi de la vérité de mon récit, qui est connu de quelques membres de l'Institut National. Ce fut chez moi qu'il observa pour la première fois l'aloës vivipare, et l'aloës indigène à fruits succulens que l'on dit admirables contre les coupures, et un papayer mâle, portant des fruits plus allongés et moins gros que ceux des femelles. Le premier est aujourd'hui assez commun dans l'île; le second n'est pas aussi rare qu'on pourroit le penser; j'en ai vu trois pieds en

différens tems sur ma terre, et le citoyen
Céré en a vu un semblable sur la sienne.
C'est encore chez moi que ce botaniste observa les différentes variétés de l'ébennier;
1°. le noir, qui est connu; 2°. l'ébennier
blanc, ainsi nommé, parce que son bois est
veiné de blanc; 3°. l'ébennier rouge, qui est
noir et rouge; 4°. l'ébennier du bord de la
mer, dont la tige est plus petite, mais plus
grosse que celle des autres espèces, et qui
n'a qu'un filet noir dans le cœur; tout le reste
du bois étant très-blanc et très-compact.
C'est aussi pendant son séjour chez moi qu'il
observa le Voakoa, ce palmier si utile, le
palmiste de nos forêts, l'orpin dont les feuilles
tombées à terre se reproduisent, les deux
plantes, dont les fruits viennent dans la terre
attachées aux racines, et qu'on nomme im-
proprement pistaches; l'une de Madagascar
et qui est la plus cultivée dans nos îles, dont
l'amande fournit par extraction, une huile
aussi douce que celle d'olives; l'autre qui
vient de Guinée, et dont l'enveloppe est ligneuse. Il trouva beaucoup d'espèces de fou-
gères dans les environs de ma terre, entr'autres celle du Canada, dans nos ravines, et la
fougère-arbre, qu'il ne connoissoit pas, et
qui ne croît que dans les quartiers arrosés

R 2

des eaux du ciel, qui sont aussi les plus
élevés de la Colonie. Il nous fit connoître
que l'arbre de l'Inde, que nous nommons
mourongue, est le ben. Ses feuilles se mangent cuites, comme celles des épinards. Les
gousses qui contiennent ses fruits se mêlent
entières, comme légumes, dans les ragoûts,
lorsqu'elles sont tendres. Il nous apprit que
nous possédions une acmelle indigène, différente de celle de Ceylan, mais ayant les
mêmes proprietés. La nôtre vient par touffes;
elle est plus petite dans toutes ses parties;
elle est vivace. Ses feuilles ont, comme la
ceylanoise, un goût piquant.

Je reçus cette même année, 1768, un jeune
arbre de *bois d'aigle*, que feu Chevalier,
commandant de Chandernagor, m'envoya.
Il en adressa un autre à l'intendant, et un
troisième à feu Hermans. Ces arbres, depuis
mon départ de la colonie, ont vraisemblablement fructifié. Il les avoit tirés du Boutan,
où ils ne sont pas communs, puisque le prix
de ce bois, lorsqu'ils est vieux, est extrêmement cher dans les Indes Orientales, où il
est connu sous le nom de *calembac*. Je cite
ce fait, pour faire honneur à la mémoire du
citoyen Chevalier, et pour engager les bons
citoyens qui se trouvent dans des pays étran-

gers, à enrichir nos colonies et la patrie, des productions qui peuvent avoir quelque genre d'utilité où d'agrément.

En 1770, mon intime ami, le citoyen Chevreau, commissaire de la marine, me demanda une collection de graines diverses, qu'il désiroit porter en France, et qu'il remit au citoyen le Monnier, de l'Académie des Sciences. Celui-ci, connoissant mon goût, m'envoya une riche et abondante collection de graines que j'ai semées en partie dans mon jardin. J'en envoyai dans l'Inde, à feu mon oncle Brénier, et j'en distribuai dans la colonie.

En 1772, revenant en France, et voulant témoigner ma reconnoissance au citoyen le Monnier, je lui apportai cinq caisses, contenant des plantes rares des Indes, entr'autres beaucoup de caneliers, les premiers qu'on ait vus en France, et qu'il a distribués, les uns au Jardin des Plantes, les autres en Languedoc et en Provence; d'autres dans les Antilles. J'ajoutai à ce présent beaucoup de graines diverses.

Pendant mon séjour en France, dans les années 1772, 1773, 1774 et 1775, j'ai fait à l'Ile-de-France les envois de graines et de plantes, les plus considérables et les plus mul-

tipliés, qui m'ont coûté plus de deux mille
écus, sans compter tous les présens de ce
genre, de mon respectable ami le citoyen le
Monnier. Qu'on se rappelle que ce n'est
qu'en 1775 que le citoyen Céré a été nommé
directeur du jardin national à l'Ile-de-France,
et que l'on juge par-là si je n'ai pas précédé
les soins qu'il a pu prendre de multiplier les
plantes exotiques.

A mon retour à l'Ile-de-France, en 1775,
je passai à St.-Yague, l'une des îles du Cap-
Verd. J'y achetai des abricots d'Amérique
que je portai à l'Ile-de-France, et que j'y distribuai. Leurs produits étoient les seuls abri-
cotiers qu'il y eut dans l'île en 1789. De
St.-Yague, le vaisseau sur lequel j'étois embarqué relâcha au Cap-de Bonne-Espérance.
Pendant mon séjour à Table-Baie, qui fût de
trois semaines, je ne fus occupé qu'à parcourir les environs de la ville, pour recueillir
tout ce qui me parut curieux. J'en fis deux
parts; l'une que j'emportai à l'Ile-de-France;
l'autre que j'adressai au citoyen le Monnier
l'aîné, en France.

Entretenant correspondance avec feu mon
ami Radermaker, conseiller des Indes, et
gendre du général de Batavia, depuis l'année
1762 jusqu'à son départ, arrivé plus de vingt

ans après, je lui ai adressé beaucoup d'envois de plantes et de graines diverses, et j'en ai reçu d'autres en retour. Je ne citerai ici que les deux espèces de cannes à sucre de Batavia que je lui avois demandées ; l'une propre aux terres vieilles et séches ; l'autre propre aux terres neuves et humides, beaucoup plus productives que celles que nous cultivions dans les îles de France et de la Réunion, qui feront un jour la richesse de ces colonies, et que je regarde comme l'acquisition la plus importante que l'on pouvoit faire pour ces îles, dans le genre des végétaux. Je les ai multipliées, et je les ai distribuées avant mon départ de la colonie, en 1789. Certes, le jardin national n'a pas été oublié dans mes distributions. J'en appelle au témoignage du citoyen Céré lui-même, trop loyal pour me démentir, et à celui de toute la colonie, pour qui ce fait est notoire. J'ai envoyé, en 1788 et en 1789, des mêmes cannes à Cayenne, à St.-Domingue et à la Martinique. J'ai reçu en France une lettre de remerciement, des deux administrateurs en chef de Cayenne, à ce sujet, par les mains du citoyen Devaivres, pour lors intendant général des colonies. Le citoyen Martin, directeur du jardin national à Cayenne, les

à multipliées dans cette colonie, où elles
prospèrent, et sait très-bien que cette acquisition est due à ma prévoyance. Ces cannes
n'existoient pas encore au jardin national de
l'Ile-de-France, lorsque j'en ai fait l'envoi à
Cayenne et dans les Antilles. J'étois le seul
habitant de l'Ile-de-France, qui en possédât
jusqu'en 1789.

Après le départ du citoyen Radermaker de
Batavia, j'entretins correspondance avec son
ami, le savant Hooyman, membre de la société littéraire des Arts de cette ville, dont
j'avois l'honneur d'être un des correspondans. Il a fourni à cette société quantité de
mémoires instructifs sur plusieurs arts, entr'autres sur la fabrication de l'indigo à Java,
où l'on suit une méthode différente de celle
des Indiens et de celle des Européens. J'en ai
donné un extrait dans mon ouvrage in 4°.,
sur la fabrication de l'indigo, imprimé à l'Ile-
de-France, en 1779.

Dès l'année 1781, jusqu'à l'époque de
mon départ de l'Ile-de-France, j'ai entretenu
correspondance très − exacte et très - suivie
avec le sur-intendant des bâtimens, et je lui
ai fait plusieurs envois de graines exotiques;
entr'autres celui du *voaène*, qui est du genre
des jasmins, arbrisseau indigène à Madagas-

car, dont le suc laiteux fournit une résine élastique, semblable au Caoutchouc.

Le citoyen Lagreneé, résident à Pondichéry, m'a fait très-souvent des envois de graines et de plantes de la côte de Coromandel. C'est à son obligeante attention que l'Ile-de-France doit l'acquisition de l'*itchapalon*, ce palmier si utile pour faire des paniers, et du *caly*, arbrisseau qui a beaucoup de propriétés. Il a toujous mis dans ses envois un zèle et une obligeance dignes de la réputation qu'il s'est faite depuis long-tems. Je ne crois pas m'être acquitté envers lui, par les envois et les présens que j'ai faits, à sa recommandation, à son ami le citoyen Patras, à son passage dans notre colonie, pour France, et je le prie de recevoir ici les témoignages de ma reconnaissance.

En 1778, feu Yvon, mon ami, se chargea de porter au colonel Kidd, directeur du jardin de Botanique des Anglois dans le Bengale, des végétaux que je lui avois remis; il en reçut d'autres en échange, entr'autres un apocyn indigofère, tiré de Bancoul à Sumatra.

La même année, je fis au citoyen Boos, botaniste et sous-directeur du jardin de Schonbrun, que l'empereur Joseph II avoit envoyé à l'Ile de France, pour y faire une collection de végétaux, les présens les plus précieux dans le même genre, et d'autres dans le genre de l'histoire naturelle.

Le citoyen Thouin pourroit se rappeller que j'avois remis des graines, à mon arrivée en France, en 1789, au citoyen Malsherbes, chez lequel je l'ai vu plusieurs fois ; au ministre la Luzerne ; au citoyen le Monnier, et au citoyen Boutin. J'ai vu deux ans après, dans le jardin de ce dernier, à Tivoly, plusieurs productions provenant des présens que je lui avoit faits ; entr'autres des noyers de Bancoul, qui paroissoient prospérer. Je prie le citoyen Thouin de vouloir bien se ressouvenir que je lui remis alors, à lui-même (a), une collection de graines pour le Jardin des Plantes, et qu'il a eu la bonté de me faire, quelque tems après, un présent, dans le même genre, pour le colonel Kidd, à qui je l'ai envoyé par le citoyen Lescallier, commissaire civil des Indes. Dans le même tems, je donnai au citoyen Blin, colon de St.-Domingue, un paquet de graines diverses, qu'il reçut

(a) Lorsque je la portai, le citoyen Thouin n'étoit pas chez lui ; je la remis à une citoyenne, que je trouvai dans sa demeure, et qui se chargea du paquet.

avec reconnoissance, et qu'il envoya dans ladite colonie.

Je ne parle pas ici des envois que j'ai faits au citoyen Bréda mon correspondant au Cap de Bonne-Espérance, qui m'a envoyé en retour des graines du mil-caffre qui a réussi dans mon jardin, ni de ceux que j'ai faits à Bombai et à Surate, par le citoyen Bonhomme armateur, ni de ceux expédiés en Chine, par différens marins de mes amis, ni de ceux adressés fréquemment à mes amis de Bourbon. Je ne citerai pas les envois que j'ai faits à Madagascar, par feu mon ami Laval, qui y a été tous les ans pendant qu'il vivoit, en qualité de chef de traites, et de ceux que j'en ai reçus. Les détails que j'ai fournis suffiront, je pense, pour justifier les assertions de mon mémoire.

Je dois convenir que mon bon ami le citoyen Céré, m'a beaucoup aidé dans la plupart des envois que j'ai faits, depuis l'année 1776 ; qu'il m'a toujours fourni, de la manière la plus obligeante, tout ce que je lui ai demandé dans le genre des végétaux ; qu'il a fait de son côté, des envois très-intéressans, en France et ailleurs ; et que les îles de France et de la Réunion, doivent à ses soins une partie des richesses qu'elles possè-

dent dans ce genre ; mais il conviendra lui-
même, que je l'ai devancé dans la même
carrière ; que j'ai enrichi l'île de France de
beaucoup de plantes utiles ou précieuses, et
que j'ai fourni une très-grande quantité d'articles au jardin national de l'île de France,
avant et pendant qu'il en a eu la direction.

Je termine ce mémoire, déjà trop long,
puisqu'il n'a d'autre objet que de prouver ce
qui est de notoriété publique à l'île de France,
par rappeller que le citoyen Bernardin de
St-Pierre m'a cité avec éloges, dans son ouvrage, intitulé voyage à l'île de France, et
imprimé en 1772, pour les soins que j'avois
pris de rassembler dans mon jardin des plantes exotiques, utiles ou précieuses. Je l'appelle en témoignage, avec d'autant plus de
confiance, que sa véracité est connue, et
qu'il a vu lui-même, en 1770, toutes les
richesses que renfermoit alors mon jardin, en
connoisseur qui sait les apprécier.

Salut, respect,

COSSIGNY.

P. S. Comme je n'ai pas conservé note
de tous les envois que j'ai faits, dans le cours
de ma vie, de plantes exotiques, ne m'atten-

dant pas à en produire un jour le détail,
j'en ai oublié plusieurs dans cette lettre ;
entr'autres ceux que j'ai adressés de l'île de
France en 1781, 82 et 83, au général Bellecombe, pendant son commandement à St.
Domingue, et ceux que j'ai fais ensuite, à sa
recommandation, au père Séraphin Merdier,
au cap François ; j'ai entretenu correspondance avec ce dernier ; il m'a fait de son
côté des envois précieux, entr'autres le chêne
d'Amérique, qui a prospéré à l'île de France,
par mes soins, et dont la végétation est peut
être plus prompte que celle du bois-noir,
espèce d'*acacia*, sans épines, dont j'ai parlé
ci devant.

La publicité que je donne à cette lettre,
n'a pas pour but de faire connoître ma justi-
fication, qui a été reçue à l'institut national,
avec d'autant plus de facilité, que plusieurs
des membres qui composent cette société
savante, avoient connoissance d'une partie
des faits que j'ai exposés. J'ai voulu, en rendant cet écrit public, exciter l'émulation des
voyageurs, et les engager à s'enquérir des
productions végétales et animales des contrées
qu'ils parcourent, et à les rapporter dans nos
Colonies et dans leur patrie. Parmi celles
dont nous devons désirer l'acquisition, je ne

citerai que les suivantes ; afin de fixer l'attention sur les objets les plus précieux : telle est la cane-à-sucre de la Cochinchine, la plus hâtive et la plus productive ; le Canelier du même pays , dont l'écorce est si estimée des Chinois ; la plante que les Cochin chinois nomment *Dina-xang* , dont ils retirent une fécule verte , propre à la teinture dans toutes les nuances ; le cotonnier de la Chine , qui produit un coton jaune , avec lequel on y fabrique les nankins ; le *Mallora* des îles Nicobar , espèce de palmier , semblable au voakoa , mais dont le fruit contient une farine propre à la nourriture de l'homme et des annimaux ; l'indigo d'Agra , qui est d'une espèce particulière , et dont la fécule passe pour être la plus belle de toutes les Indes ; l'espèce de manioc ou de camanioc , dont les racines sont bonnes à être récoltées , après cinq ou six mois de plantation , et qui se trouve au Brésil et même à St-Domingue ; l'arbre de la côte Orientale d'Afrique , qui vient naturellement dans les forêts de Mozambique , de Quiloa et de Zanzibar , et qui donne la gomme-copal ; le riz précoce de la Chine ; le blé de Nagpour , dont j'ai parlé dans le mémoire sur le riz , etc. , etc.

Nota. Pour rendre ce volume plus complet, on me permettra d'ajouter ici quelques lettres qui ont rapport à la culture du canelier et à la préparation de son écorce. Cet arbre précieux, venu de l'île de Ceylan à l'île de France, et transplanté à Cayenne, a parfaitement réussi dans cette dernière Colonie. Delà il se répandra à St -Domingue et dans les Antilles. C'est donc rendre service à mes concitoyens qui habitent ces Colonies, que de leur faire part des fruits de mon expérience.

Lettre de M. de Soüillac, *gouverneur général des îles de France et de Bourbon, et de M.* Chevreau, *intendant des mêmes îles, à M. de* Cossigny, *ingénieur.*

Au Port Louis, île de France, le 8 Août 1784.

NOUS avons appris, Monsieur, que les recherches que vous avez faites sur la préparation de l'écorce du canelier de Ceylan, naturalisé à l'île de France, vous avoient conduit à trouver un procédé qui conserve à notre canelle créole son goût et son parfum. Nous savons qu'elle avoit le défaut de perdre l'un et l'autre assez promptement ; ce qui, jusqu'à présent, à empéché les colons de se livrer à la culture du canelier, quoiqu'il réussisse très-bien à l'Ile de France, dans tous les quartiers où l'on en a plantés. Nous pensons que votre découverte peut être intéressante pour cette colonie, qui n'offre pas encore beaucoup d'objets d'exportation. Nous vous connoissons assez, pour être assurés que vous voudrez bien la rendre publique. Vous nous avez donné plus d'une fois des preuves de votre zèle et de votre patriotisme ; et nous serons toujours flattés d'avoir occasion de vous rendre justice.

Nous

Nous vous prions de faire imprimer ici le procédé que vous avez trouvé de conserver à la canelle du pays son goût et son parfum. Nous vous en saurons gré nous-mêmes, et nous nous empresserons à rendre compte au ministre de cette nouvelle preuve de votre labeur, de votre intelligence et de votre patriotisme. Nous avons l'honneur d'être, etc.

Signé, le vicomte de SOUILLAC,
CHEVREAU.

Réponse de M. de Cossigny, *à MM. de* Soüillac *et* Chevreau.

Palma, le 9 Août 1784.

MESSIEURS,

J'ai reçu la lettre que vous m'avez fait l'honneur de m'écrire, en date du 8 de ce mois, par laquelle vous m'invitez à rendre public le procédé que j'ai trouvé, de conserver à l'écorce du canelier de Ceylan, naturalisé aux îles de France et de Bourbon, son goût et son parfum.

Quand même j'aurois des raisons pour taire ce procédé, elles céderoient à votre invitation honnête et pressante. Je suis extrêmement

sensible aux témoignages de votre confiance,
aux preuves de votre estime, aux expressions
de votre bienveillance ; et je me hâte de vous
assurer de ma reconnoissance , en vous rendant compte de ma découverte.

On connoît assez généralement, dans les
deux îles , la manière d'enlever l'écorce des
branches du canelier , après avoir ratissé les
deux premières peaux, l'une grise , qui est
l'épiderme, l'autre verte , qui est pulpeuse.
La troisième peau , qui est ligneuse , est la
canelle proprement dite ; celle-ci est appliquée immédiatement sur le bois; elle y adhère
quelquefois, plus ou moins fortement , suivant les circonstances , qui dépendent de la
nature du terrain , de son exposition, de son
humidité , et sur-tout de la sève de l'arbre.

On divise cette écorce en plusieurs lanniè-
res , sur la branche même , et on les enlève
avec plus ou moins de facilité , suivant la saison. Cette opération se fait mieux lorsque
l'arbre est en pleine sève. On obtient , par ce
moyen , une canelle foible en couleur, qui a
d'abord assez de goût et de parfum ; mais qui
perd assez communément l'un et l'autre avec
le tems, parce que son huile essentielle s'éva-
pore et se dissipe. Il s'agit donc de la fixer
dans l'écorce. Le procédé , pour y parve-

venir, est bien simple; voici en quoi il consiste :

On prépare une eau de chaux; on la laisse
reposer; on la décante, et on la filtre, pour
qu'elle soit claire. A mesure qu'on enlève de
la branche les lanières d'écorce, on les jette
sur-le-champ dans cette eau de chaux; on les
y laisse 10, 12, 15 et même 18 heures, suivant
le plus ou le moins d'épaisseur de l'écorce;
ce qui dépend de la grosseur de la branche
qu'on a dépouillée. On a soin de tenir un
poids quelconque au-dessus des lanières, afin
que l'eau de chaux les surnage, qu'elle les
humecte et qu'elle les pénètre dans tous les
sens. On retire la canelle, après qu'elle a séjourné dans l'eau de chaux, le tems indiqué
ci-dessus; on la met égouter dans une toile
claire, et on l'expose au soleil pour la faire
sécher. Voilà tout le secret de cette préparation. L'eau de chaux a la propriété de fixer,
en tout ou en partie, l'esprit recteur dans l'é-
corce, qui conserve par ce moyen son parfum.

Je crois qu'il est inutile d'entrer dans de
plus grands détails; mais, si vous l'exigez,
je me ferai un plaisir de les donner.

Vous avez su réveiller mon attention sur
un objet que j'avois presque oublié; vous

avez réchauffé mon zèle ; vous avez excité
mon activité. Je vais faire incessamment de
nouveaux essais , et j'aurai soin de vous
rendre compte de leurs résultats. J'ai formé ,
il y a quelques années, sur mes terres , une
canèlerie que j'avois presque négligée ; elle
me devient précieuse aujourd'hui , si elle me
fournit l'occasion d'être utile à mes compatriotes ; et c'est à vous , messieurs , qu'ils en
devront le succès.

Vous pouvez , dès à présent , juger de ce
qu'on doit en espérer. Je vous envoie plusieurs paquets qui contiennent des échantillons de canelle du crû de Palma , préparée
en 1780 , suivant la méthode que je viens
d'exposer. Depuis cette époque , elle a été
oubliée dans un endroit assez humide ; cette
circonstance a fait contracter un goût de moisi
à quelques échantillons , mais ne leur a pas
fait perdre le goût et le parfum de la bonne
canelle , comme vous pouvez vous en assurer
par vous-mêmes. Quoique je l'aie exposée au
soleil , depuis hier , elle me paroît fine et sans
âcreté ; la canelle la plus piquante n'est pas
la plus estimée.

Il me reste à désirer , messieurs , que cette
découverte ait tout le succès que vous en
attendez. J'en reconnois l'importance avec

vous. Le canelier délicat, dans sa jeunesse, devient ensuite dans notre île un arbre robuste, qui résiste aux intempéries des saisons. La préparation de son écorce est facile, et ne demande aucuns frais d'établissement. Le colon le plus pauvre peut embrasser cet objet ; enfin la consommation de la canelle, en Europe, en Amérique, en Asie, et même dans une partie de l'Afrique, est plus considérable que celle de la muscade et du girofle réunis, et se monte à une somme plus forte ; c'est donc la plus précieuse de toutes les épiceries.

Vous avez reconnu sans doute, messieurs, ces vérités, puisque votre sollicitude bienfaisante pour la prospérité de cette colonie, vous a fait désirer la publicité d'une méthode qui donne un prix à une production de notre île, et qui engagera vraisemblablement les colons à la multiplier, dès qu'ils seront assurés du succès. Votre opinion fixera là-dessus les idées du public. Vous connoissez depuis long-tems sa confiance en vos lumières, et son empressement à répondre à vos vues patriotiques. J'ai l'honneur d'être, etc.

Signé, COSSIGNY.

Supplément d'instructions sur la prépara-
tion de la canelle.

Je viens de répéter mes essais sur la préparation de la canelle, et je vais rendre un
compte succinct de mes observations.

L'eau de chaux, que j'ai toujours employée
dans mes essais, étoit faite avec de la chaux
éteinte à l'air ; je faisois jetter les écorces
dans cette eau de chaux, à mesure qu'on les
dépouilloit de la branche ; mais j'ai remarqué
qu'il arrivoit que telle écorce avoit séjourné
dans l'eau de chaux beaucoup plus long-
tems que telle autre ; et j'ai pris le parti de
mettre, à-la-fois, toutes les écorces que le vase
pouvoit contenir, dans l'eau de chaux. Elles
y prennent une couleur plus ou moins foncée,
suivant le plus ou moins de tems qu'elles y
ont séjourné ; elles communiquent à l'eau la
même couleur. J'ai distillé une assez grande
quantité de cette eau ; j'ai choisi la plus co-
lorée ; je n'en ai pas retiré une goutte d'huile.
Je ne me suis pas apperçu qu'un trop long
séjour des écorces dans l'eau de chaux, ap-
portât quelqu'altération dans leurs qualités ;
mais j'ai remarqué qu'il étoit à propos que
les écorces ne fussent pas trop foulées, et

sur-tout qu'elles fussent entièrement plongées dans l'eau de chaux : car il arrive que celles qui sont à la surface de l'eau , ne se colorent pas bien , ou qu'elles sont enduites d'un peu de chaux , lorsqu'elles sont séches.

J'ai esayé de passer les écorces dans de l'eau fraîche de rivière , après les avoir retirées de l'eau de chaux ; ce procédé ne m'a paru ni nuisible , ni utile.

J'ai essayé de passer au four des écorces fraîches , qui n'avoient eu aucune préparation ; elles n'ont rien acquis par ce moyen , ni saveur , ni couleur ; mais les écorces qui avoient séjourné dans l'eau de chaux , et que j'ai fait sécher au four , ont acquis les mêmes propriétés que celles qui avoient été exposées au soleil : ainsi , dans les tems de pluie , et dans les quartiers pluvieux , on pourra employer ce moyen.

J'ai fait plusieurs autres essais inutiles à rapporter , parce qu'ils ont été sans succès.

J'ai observé que les écorces les plus épaisses, provenant de branches plus grosses et plus fortes , prenoient plus de couleur , et conservoient un goût plus piquant que les autres , sur-tout dans les endroits des nœuds.

Si l'on veut avoir une canelle fine , il faut choisir les branches de médiocre grosseur ;

S 4

celles qui ont le moins de nœuds, et dont la peau est la plus lisse. Le dépouillement de leurs écorces est plus facile que celui des branches plus fortes, et qui ont des nœuds. Il me paroît prouvé, d'après mes essais, que l'on peut avoir à volonté une canelle fine ou une canelle piquante ; cela dépend uniquement du choix des branches, sauf les variations qui peuvent résulter de la nature du terrain et de son exposition. On a pu remarquer que j'engageois à diviser en plusieurs lanières l'écorce de chaque branche, afin que son dépouillement fut plus facile. Il en résulte que cette canelle est moins large que celle de Ceylan. La plus grande partie de celle que j'ai préparée, a la partie extérieure de l'écorce, moins lisse que celle des Hollandois.

Pour avoir des branches qui donnent une canelle fine, aussi large, aussi lisse que celle de Ceylan, il est à propos de tailler les arbres. Je serois tenté de croire qu'il faudroit les conduire de la même manière, que l'on élève en France le saule et l'osier, en tenant le tronc fort bas, à cause des ouragans : par ce moyen les nouvelles pousses n'auroient point de branches, et parconséquent point de nœuds ; le dépouillement de l'écorce se feroit facilement. On ne couperoit les nou-

velles pousses que tous les trois ans, et l'on
pourroit établir des coupes réglées. Si l'on
suit cette méthode, je crois qu'on pourra placer les caneliers à 5 ou 6 pieds de distance
les uns des autres, dans la même ligne, et
laisser une espace de 7 à 8 pieds entre les
allées, que ces lignes formeront.

Je n'ai rien à dire de plus, sur la culture
de cet arbre ; elle ne demande pas une méthode particulière. Tout homme, qui est agriculteur, n'a pas besoin d'instructions sur cet
objet, d'autant plus que le canelier réussit à
merveille à l'île de France. Il souffre la transplantation ; mais elle demande des précautions, telles que le choix du plant, et le choix
de la saison où elle se fait. Les brins de deux
à trois ans, transplantés en Janvier, Février
ou Mars, sont ceux qui ont le mieux réussi.
On peut former une canellerie avec des graines
plantées en place ; mais ces graines veulent
absolument être plantées fraîches.

Les quartiers pluvieux sont peut-être ceux
où le canelier réussira mieux, où il produira
une plus grande quantité de branches, et où
il donnera une canelle plus fine, plus douce.
Si cela est, voilà un objet de culture propre
à l'exportation, pour des quartiers qui n'en
ont point dans notre île.

Tout ce que je pourrois ajouter seroit minutieux et peut-être suppléé par un agriculteur intelligent. D'ailleurs l'expérience lui en apprendra plus que je n'en sais moi-même. Il s'agissoit de trouver le moyen de *tirer parti de notre canelier*, et d'assurer à notre canelle des qualités qui la rendissent précieuse. C'est ce que je crois avoir trouvé, par la préparation dont j'ai indiqué le procédé. Tout le secret consiste dans la vertu de l'eau de chaux, qui a, comme l'on sait, de l'action sur les huiles et sur les résines, et qui forme, avec elles, une substance savonneuse. L'eau de chaux, mêlée avec de l'huile essentielle de canelle, dans une cer aine proportion, forme avec elle un savon blanc concret; c'est ce que j'ai éprouvé. Il en résulte que cette huile essentielle n'est plus aussi volatile, aussi évaporable, et qu'elle est fixée dans l'écorce. Voilà tout le mystère de l'opération.

Si cette culture prend faveur dans nos deux Colonies, si celle des muscadiers et des girofliers s'étend, on pourra donner, aux îles de France et de Bourbon, le nom de Moluques françoises.

Lettre de MM. de Soüillac *, gouverneur général des îles de France et de* Bourbon *, et* Chevreau *, intendant desdites îles, à M. de* Cossigny *, ingénieur.*

Au Port Louis, le 15 Novembre 1784.

Nous avons lu, Monsieur, avec attention le manuscrit que vous nous avez communiqué, de la réfutation que vous avez faite de l'ouvrage de M. S..., et nous ne pouvons qu'applaudir à l'exactitude de vos recherches sur les faits que vous y cités ; étant tous à notre connoissance, et de la plus grande vérité, nous consentons volontiers que vous fassiez imprimer cet écrit, et que vous y ajoutiez les détails de vos essais sur la préparation de la canelle, que vous nous avez communiqués avec une franchise et un désintéressement, auxquels nous avons été très-sensibles, et dont nous ne pouvons nous empêcher de vous témoigner toute notre reconnoissance : car cette nouvelle découverte, et le moyen que vous avez trouvé de conserver, à cette épicerie précieuse, son goût et son parfum qu'elle perdoit promptement, faute de préparations suffisantes (ce qui la rendoit inférieure à celle de nos voisins, et parconséquent de nul mérite), nous importent particulièrement; et par dessus tout, nous prévoyons avec satisfaction, que non-seulement les habitans de l'île de France, mais l'état en général, vous seront peut-être redevables d'une branche de commerce capable de rendre un jour cette Colonie une des plus intéressantes de toutes les possessions Françoises. Ce fruit de vos veilles et de votre application, est sans doute encore éloigné, mais nous en possédons le germe, et notre espérance est assez fondée pour vous en témoigner notre gratitude particulière, au moins par l'expression des sentimens qui vous sont déjà connus, et avec lesquels nous avons l'honneur d'être,

Monsieur,

Vos très-humbles et très-obéisssans serviteurs,

Signé SOUILLAC et CHEVREAU.

Lettre de M. Céré, commandant du quartier des Pamplemousses, directeur du Jardin National, à MM. de Soüillac, chef d'escadre des armées de l'Etat, gouverneur général des Etablissemens François dans les Indes, et Chevreau, intendant des Iles de France et de Bourbon.

Au Jardin National, Ile-de-France,
le 4 Mars 1785.

MESSIEURS,

La découverte de M. de Cossigny, ingénieur et habitant de cette île, pour bonifier la canelle du crû de la colonie, est aussi heureuse dans ses effets, qu'elle est importante par ses conséquences. La méthode qu'il a indiquée dans la préparation de l'écorce du canelier est simple et aussi efficace qu'il le dit, en suivant avec attention le procédé dont il a donné le détail.

J'ai été étonné de son succès, dans les essais que je viens de faire. J'ai préparé, suivant sa méthode, quarante livres de canelle, provenant d'arbres qui n'avoient point été cultivés pour cet objet, et que je faisois récéper, pour les remettre à bois neuf, afin d'en rendre par la suite la manipulation plus prompte et plus abondante.

M. le Comte, habitant de l'île de Bourbon, dont le mérite et les talens vous sont connus, nous écrit du 10 février de cette année, qu'il a préparé, suivant la méthode de M. de Cossigny, de la mauvaise canelle, ou des écorces prises sans choix ; il marque qu'il n'a pas trouvé de comparaison à faire entre la bonté, le parfum de cette canelle, et celle qui avoit été séchée sans apprêt. Que seroit-ce, ajoute ce cultivateur éclairé, de celle provenant des caneliers cultivés avec soin, ou cultivés à l'effet d'en tirer annuellement l'écorce, sur les jets âgés d'environ trois ans ? C'est une obligation de plus, ajoute-t-il, que nos colonies auront à M. de Cossigny. Je vous rapporte, Messieurs, les essais d'un cultivateur de Bourbon, comme une confirmation de ceux que je viens de faire, persuadé que vous serez bien aises de savoir que le succès de cette découverte est la même dans les deux îles.

Elle me paroît d'autant plus intéressante, que la culture du canelier est facile et assurée, et que les Colons peuvent le multiplier très-promptement. C'est un des objets de culture, dont le produit me paroît le plus riche, et

dont l'exportation est le plus à désirer, puisque la métropole tire cette denrée d'une nation étrangère.

Le giroflier commence à se multiplier dans
les îles. M. Hubert, habitant de Bourbon, a
récolté l'année dernière près de quinze livres
de clous secs. Il a formé sur ses terres une
plantation de cacoyers. Un muscadier créole,
femelle, vient de nous montrer ses premières
fleurs au Jardin National. M. de Sicre, capitaine de cette garnison, vient de cueillir, à
Bourbon, la première noix muscade aromatique en état de maturité ; les cafés repren-
nent vigueur ; les sucreries se multiplient ;
l'indigo, le coton, le camphrier, le tamari-
nier, le tabac, etc., offrent des ressources
aux cultivateurs laborieux ; mais je ne connois point de productions, Messieurs, dont
la culture soit d'une réussite aussi sûre, et qui
éprouve moins de difficultés que le canelier.

Cet arbre vient de boutures et de graines ;
il vient avec une telle facilité que les oiseaux
le plantent par-tout dans notre île. Il résiste
au vent ; et dès l'âge de cinq ans au plus, il
est propre à être exploité, et fournira ensuite
de nouveaux jets, qu'on mettra en coupe
réglée, tous les trois ans. Un carré contien-
droit d'autant plus de plants, qu'il ne s'agi-

roit que de les espacer par lignes éloignées de 7 à 8 pieds les unes des autres, en plaçant les plants à 5 ou 6 pieds de distance dans chaque ligne.

Le jardin national contient un très-grand nombre de jeunes plants, et produit annuellement beaucoup de graines; il sera très-facile aux Colons qui voudront en faire des plantations, de se procurer des uns ou des autres, en s'adressant au sieur *le Barbier*, préposé au détail des pépinières de ce jardin. *Le Réduit* a beaucoup de caneliers en rapport. On en trouve aussi chez beaucoup d'habitans, dans toute sorte de terrains, et dans tous les quartiers de l'île : aussi ces arbres se multiplieront très-facilement, si les Colons se livrent à cette culture.

Si vous pensez, Messieurs, que ma lettre puisse inspirer, dans nos îles, le goût d'une culture, que je conseille d'autant plus, que l'expérience m'a démontré sa facilité et son produit, j'aurai rempli mon but : alors je vous demanderai votre agrément, pour la faire insérer dans notre feuille périodique.

Je suis avec respect,

Messieurs,   Votre très-humble et très-obéissant serviteur,

Signé CÉRÉ.

TABEE

TABLE
DES MATIÈRES
DU
VOYAGE AU BENGALE, etc.

A

B

2

C

Canjivaron (le grand et le petit), deux pagodes fameuses de l'Inde, p. 14, t. ll.

Canes-à-Sucre, sont cultivées dans le Bengale, p. 23 ; celles d'Otaïti sont précoces ; deux espèces tirées de Batavia et naturalisées à l'Isle-de-France, p. 49, 50 et 263, t. ll.

Canes Médicinales de Batavia, p. 50, t. ll.

Cap de Bonne-Espérance, comparaison entre cette colonie et l'Isle-de-Ceylan ; sa population ; p. 295 ; abonde en vivres, p. 296 ; son utilité, p. 297, t. 1 ; est sujette à des tempêtes, p. 36 ; détails sur cette colonie, p. 149 et suivantes, t. ll.

Caractère des Anglois, p. 33 et 34 ; des Bengalis, p. 34 et 35, t. 1.

Carnac, major général des troupes anglaises, a le plus contribué à leurs succès, p. 198, t. 1.

Carnate (le), partie de l'Indoustan, p. 125, 126 et 219, t. 1.

Carte du Gange, se vend publiquement à Calcutta, p. 9, t. 1.

————des trois Isles du Japon, p. 178, t. 1.

Cathcart (Charles), a signé les conventions du 30 avril 1786, entre la France et l'Angleterre, p. 237, t. 1

Cauris, coquillages des Maldives, servent de monnaie dans le Bengale, p. 89, t. ll.

Ceylan, comparaison faite entre cette Isle et le Cap de Bonne-Espérance, p. 298 ; seroit propre à former une colonie d'européens, p. 299 ; ses productions, ses revenus, *ibid* ; conclusion, p. 300, t. 1.

Cercars (les quatre), provinces du nord dans la Soubabie du Décan, p. 214 ; rapportent 9 millions de revenus, p. 215, t. 1.

Cépède (la), membre de l'institut national, p. 248, t. ll.

Céré, éloge de ce citoyen, p. 159, 169 et 201, t. ll.

Chalambron, pagode fameuse de l'Inde, p. 14, t. ll.

Champion, colonel anglois, chargé du massacre des Rohillas, p. 138, t. 1.

Chandernagor, comptoir des François, p. 16, sur le bord du Gange, p. 65 et suivantes ; sa situation, sa description ; a capitulé en 1757, p. 153 ; moyens proposés pour rétablir cette ville, p. 155 ; il n'est pas permis d'en relever les fortifications, p. 205, t. 1.

Chargeurs (les) font des bénéfices considérables, p. 82, t. 1.

G

Q

R

Ranapangue, c'est la décoction du gratin du riz mêlée avec du miel, p. 208, t. II.

Rayotes, habitans du pays, p. 235, t. I.

Régence, des Marattes, p. 5, t. I.

Réflexions sur la puissance des Anglois dans le Bengale, p. 133 et suivantes, t. II.

Religion (la), des Indous, est peut-être la plus ancienne de celles qui existent sur la terre, p. 112, t. I; excepté la chrétienne, elles sont toutes permises au Japon, p. 290 *ibid*; réflexions sur celle des Bengalis, p. 90, t. II.

Requin, poisson de mer; les matelots en mangent; les Chinois font cas des ailerons, p. 2, t. II.

Respect religieux des Japonnois pour leurs ancêtres, p. 291, t. I.

Revenus du Bengale; en quoi ils consistent, p. 214, t. I.

Riébec, fondateur de la colonie du Cap de Bonne-Espérance, p. 164, t. II.

Rixdaler, en françois *Risdale*, monnoie de compte, p. 73, t. II.

Riz; manière des Javans de le cultiver, p. 52, t. II.

Riz-Pérenne; son origine, p. 209; sa description, p. 201, t. II.

Riz du Japon, p. 202, t. II.

Rohandrians, arabes établis à Madagascar, p. 196 et 197, t. II.

Rohillas, peuple valeureux massacré par les anglois, p. 138, t. I.

Rosily (le général) commandant la frégate la Vénus, p. 239, 240 et 241, t. I.

Roupie-Arcate, monnoie de l'Inde, p. 80, t. I.

————*Pondichéry* est plus estimée, *idem*, *ibid*.

————*Sicca*, monnoie du Bengale, la plus prisée, p. 51; vaut 2 fr. 70 c., p. 80, t. I.

S

Sainte-Hélène (isle) aux anglois, petite, peu fertile, sans port, et cependant très utile, p. 40, t. II.

Saldaigne (baie de) à la côte d'Afrique, près du Cap de Bonne-Espérance, a été funeste aux hollandois, p. 166, t. II.

Salpêtre, p. 57; les françois ne peuvent en exporter du Bengale que dix mille mans par an, p. 232, t. I; détails sur l'extraction de ce sel, p. 121, t. II.

Sandal (bois de) est fort estimé à la Chine, p. 102, t. I.

V

Voltha, en françois *Folta*, poste aux hollandois dans le bas du Gange, p. 22, t. II.

W

Washington (le général,) p. 44, t. I; a fait construire un moulin pour dépouiller le riz de son écorce, p. 213, t. II.

Warlet (le citoyen,) capitaine de port, habile marin, p. 183, t. I.

Watson (amiral anglois,) qui a pris Chandernagor, p. 68, t. I.

Y

Yanaon, loge françoise à la côte d'Orixa, p. 88, t. I.

Z

Zèbres (les) sont communs à Mozambique, p. 161, t. II.

Fin de la Table.

Nota. Les différens articles qui composent cet ouvrage étant anciens, on n'a pas changé les dénominations des poids, des mesures et des distances; le lecteur saura bien y suppléer.

ERRATA.

TOME I.

Page 46, ligne 1, refuser l'offre, *lisez* refuser à l'offre.

P. 54, lig. 19, lœil, *lisez* l'œil.

P. 81, lig. 10, un excessive, *lisez* une excessive.

P. 87, lig. 17, ravirer, *lisez* raviver.

P. 161, lig. 15, Zuéda, *lisez* Quéda.

Ibid, lig. 27, sagon, *lisez* sagou.

P. 165, lig. 15, laines, *lisez* lances.

P. 168, lig. 24, fr., *lisez* roupies.

P. 169, lig. 2, présenté, *lisez* persécuté.

P. 170, lig. 10, enjoignons, *lisez* défendons.

P. 237, lig. dernière, réflexions, *lisez* conventions.

P. 268, lig. 14, faveur, *lisez* saveur.

Ibid, lig. 21, l'aloes, *lisez* d'aloes.

P. 269, lig. 23, botanique, *lisez* de botanique.

P. 272, lig. 19, doncia, *lisez* doucia.

P. 291, lig. 25, Liéon-Quéon, *lisez* Liéou-Quéou.

P. 294, lig. dernière, Banca, *lisez* Sumatra.

TOME II.

P. II de l'avant-propos, lig. 12, *après* point de vue, *ajoutez* purement politique, et celui de Stavorinus sous un point de vue.

P. VII, lig. 8, propérité, *lisez* prospérité.

P. 22, lig. 2, il seroit, *lisez* il suoit.

P. 32, lig. 22, Pontavéry, *lisez* Poutavéry.

P. 34, lig. 8, les places, *lisez* des places.

P. 39, lig. 5, *après* françois, *ajoutez* et même des étrangers.

P. 65, lig. 8, propriété, *lisez* prospérité.

Ibid, lig. 13, que feroit, *lisez* que seroit.

P. 83, lig. 2, soient, *lisez* soit.

P. 90, lig. 25, Scharter, *lisez* Schaster.

P. 108, lig. 14, nymphæ, *lisez* nymphæa.

Ibid, lig. 21, nymphæ, *lisez* nymphæa.

P. 128, lig. 6, Souja-Doulea, *lisez* Souja-Doulla.

P. 129, lig. 27, ils fussent, *lisez* ils se fussent.

P. 152, lig. 17, du moi, *lisez* du mois.

Ibid, dernière ligne, et plus, *lisez* les plus.

P. 161, lig. 24, fort, *lisez* forts.

P. 168, lig. 4, forcé, *lisez* forcée.

P. 176, lig. 2, astrente, *lisez* astreinte.

P. 187, lig. 22, un espèce, *lisez* une espèce.

P. 188, lig. 21, puit, *lisez* puits.

P. 196, lig. 4, on la, *lisez* on ne la.

P. 225, lig. 17, d'eaux, *lisez* d'eau.

P. 240, lig. 10, appariée avec un béliers, *lisez* appariées avec un bélier.

P. 251, lig. 25, cannelleries, *lisez* cancliers.

P. 281, lig. 6, une espace, *lisez* un espace.